Hans Joachim Rech

Mit Kindern radeln

Am Niederrhein

Fleischhauer & Spohn Verlag

Titelbild: Fähre zur Bislicher Insel

Bildnachweis: Alle Aufnahmen stammen vom Verfasser.

Umschlaggestaltung, Layout und Kartenskizzen:
Rainer Wittner, 67435 Neustadt

Gesamtherstellung: Laub GmbH & Co., 74834 Elztal-Dallau

ISBN: 3-87230-561-1

Inhaltsverzeichnis

Vorwort 4
Das Vorwort für Kinder 5
Herr von Weißnichts Sicherheitstipps 6
Jugendherbergen heißen uns herzlich willkommen 8

1 Durch das Wurmtal nach Aachen 10
Wasserburgen, Flussauen und ein Kaiser
2 Naturschutzgebiet Teverener Heide 18
Zu Heidekraut-Eulen und Moosjungfern
3 Vom Rodebachtal ins Tal der Wurm 23
Zu Spielplätzen und Hochwildgehege
4 Von Linnich bis Roermond/Holland 31
Steinkohle, Flussfischer und Windmüller
5 Rund um Wegberg 41
Im Tal der Mühlen
6 Zwischen Waldfeucht, Roermond und Brüggen 47
Motten, Burgen und stille Moore
7 Rund um Brüggen 55
Waldseen, Schlösser und Heide
8 Durch die Nettetaler Seenlandschaft in die Groote Heide .. 65
Burgen, Mühlen, Wasser und Matjes
9 Von Geldern bis Venlo 74
Blumenduft, Spargel und Windmühlen
10 Die Provinz Gelderland 83
Herrensitze, Wasser, Wald und Heide
11 Die Kaiserstadt Xanten 93
Römerlager, Traktoren und Heißluftballone
12 Von Geldern über Issum nach Xanten 102
Schlösser, Burgen und Altstadttouren
13 Von Xanten nach Wesel und zurück 108
Die Bislicher Insel, Preußen und Römer
14 Von Xanten nach Kleve 115
Windmühlen, Schwanenburg und Tierpark
15 Von Kleve über Kranenburg nach Nijmegen 125
Korn mahlen, Brot backen, Störche zählen
16 Von Kleve zum Rhein und zurück 134
Wasserburg, Klosterhof und Festung
17 Von Kevelaer über Weeze nach Goch 139
Pilgerweg, Paddelboot und Puppenspieler
18 Der Reichswald bei Kleve 146
Ponys, Mufflons und wilde Schweine

Fahrradgeschäfte/Verleih/Reparaturen 152

Vorwort

Nordrhein-Westfalen ist nicht nur das politische und wirtschaftliche Zentrum im Westen Deutschlands; Nordrhein-Westfalen ist auch ein Reise- und Tourismusland. Seine Gesamtfläche besteht zu einem Viertel aus Wald und zur Hälfte aus Wiesen und Feldern. Nicht zuletzt der Niederrhein zeichnet sich durch große landschaftliche Schönheit und Vielfalt aus. Wer auf dem Rad gemeinsam mit seiner Familie die Region zwischen Aachen und Kleve entdecken will, dem werden hier achtzehn detailliert ausgearbeitete Routenvorschläge gemacht.

Die flache niederrheinische Fluss- und Auenlandschaft ist ein Paradies für Radfahrer. Zwischen Rhein, Maas und Wurm kann man Natur pur erleben, mit selten gewordenen Pflanzen, die unter Naturschutz stehen und stillen Wasserläufen. Kleinode der Flora leben hier in Seen, Mooren und Heidegebieten. Zahlreiche Schlösser, Klöster, Kirchen und mittelalterliche Stadtkerne erinnern an eine lange und ereignisreiche Geschichte, die bereits vor 2000 Jahren mit der Besiedelung durch die Römer begann.

Ich lade alle Radfahrer ein, diese einzigartige Natur- und Kulturlandschaft zu entdecken und wünsche ihnen gute Fahrt.

Wolfgang Clement
Ministerpräsident des Landes Nordrhein-Westfalen

Das Vorwort für Kinder

Ich, Herr von Weißnicht von der Florentinen-Eiche, euer Freund und Pfadfinder, habe mir eine Menge Gedanken gemacht über diesen Rad-Wanderführer für euch Kinder und eure Eltern. Auf meinen Fahrten und Wanderungen durch das wunderschöne Land zwischen den Flüssen Rhein, Schwalm und Maas sind mir die interessantesten Tiere und Pflanzen begegnet. Mit ein bisschen Glück und der nötigen Aufmerksamkeit, was bei euch Kindern ja keine Frage ist, werdet ihr diese Pflanzen und Tiere auch entdecken. Wenn ihr auf euren Rad-Wanderungen noch ein Bestimmungsbüchlein, ein Fern- und Vergrößerungsglas mitnehmt, dann seid ihr bestens ausgerüstet.

Die niederrheinische Landschaft ist ein sehr wasserreiches Gebiet und so gibt es dort auch viele verschiedene Fischarten. Die meisten entdeckt ihr in den kleineren Flüssen und Bächen oder in Seen und Teichen, wo das Wasser nicht so tief ist. Bei Rhein und Maas ist das schon etwas schwieriger, weil zum einen viele Schiffe fahren und zum anderen das Wasser so tief ist, dass sich die Fische gut darin verstecken können. Aber nicht nur Fische lieben die kühlen, plätschernden und geruhsam durch die Landschaft ziehenden Bäche, sondern auch zahlreiche andere Wassertiere.

Die schönsten Schmetterlinge und Libellen werdet ihr nur im Frühling und Frühsommer beobachten können. Ähnlich ist das auch bei den Blütenblumen. Manche Arten blühen in zu kühlen oder nassen Sommern überhaupt nicht, andere benötigen ganz speziellen Lebensraum, wie die Orchideen. Daher kann ich euch nur empfehlen, so oft wie möglich auf euren Rädern durch Wald und Flur zu radeln, um all die wunderschönen Jahreszeiten hautnah zu erleben.

Ach, bevor ich es noch vergesse, die Florentinen-Eiche ist ein gewaltiger Eichenbaum und steht im Spreewald. Der befindet sich im Land Brandenburg und das liegt im Osten Deutschlands.

Die Florentinen-Eiche ist eine meiner besten Freundinnen und wird in jedem Jahr von mir besucht. Deshalb hat sie mir erlaubt, mich „Weißnicht von der Florentinen-Eiche“ zu nennen. So – jetzt habe ich euch und euren Eltern meinen ganzen Namen erklärt. Das hat mir doch keine Ruhe gelassen. Frohe Fahrt alle Zeit im schönen Land zwischen Rhein, Schwalm und Maas.

Euer Herr von Weißnicht von der Florentinen-Eiche

Herr von Weißnichts Sicherheitstipps

Das richtige Fahrrad

Das Wichtigste beim Radfahren ist ein wirklich funktionstüchtiges Rad, dies gilt gerade auch für Kinderräder. Vor dem Kauf sollte man sich deshalb gut informieren und auf einige Dinge besonders achten. Rahmengröße (die Fußsohle sollte bei gestrecktem Bein auf dem Pedal aufliegen), Schaltung (sinnvoll ist eine Nabenschaltung mit mindestens sieben Gängen), Sattel (kein Hartplastiksattel), Lenker, funktionierende Bremsen, Kettenschutz, Beleuchtung (Rücklichter mit eingebautem Standlicht dienen der Sicherheit), und natürlich die Art des Rades (für Touren wie in diesem Buch empfehlen wir ein Trekking-Rad) sollten eine Kaufentscheidung mehr beeinflussen als sportlicher Schnick-Schnack.

Die richtige Ausrüstung

Bekleidung aus Mischfasern ist wegen ihrer Fähigkeit, Schweiß zwar heraus, aber Regen nicht hinein zu lassen, geeigneter als Baumwollkleidung. Eng anliegende Radlerhosen verhindern das Wundwerden, Handschuhe helfen gegen schwitzige Hände. Ganz wichtig: ein gut sitzender Helm, den zu tragen auch für Erwachsene und Kinder auf dem Kindersitz eine verantwortungsvolle Einstellung zum Radfahren beweist. Sinnvoll ist sicher auch eine Sonnenbrille, die nicht nur vor Blendung schützt, sondern auch vor Staub, Steinchen und Insekten. Zur Bekleidung gehört auch ein Regenschutz, nicht nur für den Radler, sondern auch für seine Gepäcktaschen.

Auch wenn wir es niemandem wünschen: ein **Erste-Hilfe-Set** ist ein Muss für alle kleinen Schrammen und Wehwehchen. Pflaster, Mull, eine kleine Schere, ein Antiseptikum wir Jod, eine Pinzette, eine Salbe gegen juckende Mückenstiche, Papiertaschentücher und ein Stück Seife helfen schon sehr viel.

Auch unser Fahrrad braucht manchmal ein Erste-Hilfe-Set. Zum notwendigen **Zubehör** gehören Flickzeug, Ventile und Ventiladapter, mehrere Maul- und Ringschlüssel, Reifen-Montiereisen, Nippelspanner, Ersatzschlauch, ein langer Bremszug, Bindfaden, Nähzeug, Einmal-Handschuhe.

Auch wenn die Touren sehr sorgfältig und genau beschrieben sind, empfiehlt es sich, eine **Radtourenkarte** dabei zu haben. Ob diese auf dem Kartenhalter am Lenker ständig vor Augen ist oder nur in den Pausen benutzt wird, bleibt jedem vorbehalten. Auf jeden Fall sollte man die Tour schon vor dem Start auf der Karte genau anschauen.

Die richtige **Verpflegung** für eine Radtour besteht aus genügend (!) Getränken, wobei Mineralwasser mit oder ohne Saftanteil oder Tee mit Zitrone den Vorrang vor irgendwelchen klebrigen „Erfrischungsgetränken" haben sollte. Spezielle Flaschen verringern das Gewicht und vermeiden hässlichen (Dosen-)Müll. Obst, belegte Brote, vielleicht ein Salat – eine leichte Kost in jeglicher Hinsicht ist angebracht. Und wer unterwegs grillen möchte, sollte Feuerzeug, Streichhölzer oder ein Vergrößerungsglas nicht vergessen.

Jugendherbergen heißen uns herzlich willkommen

Die deutschen Jugendherbergen bieten weit mehr, als nur eine „preiswerte" Bleibe für eine oder mehrere Nächte, wobei offenbar in einigen Köpfen immer noch die Vorstellung von Massenschlafsälen der Nachkriegszeit herumgeistert. Diese Zeiten gehören im wahrsten Sinne des Wortes der Vergangenheit an.

Deutsche Jugendhergbergen heute, das sind modern eingerichtete, **familienfreundliche** und **kindgerechte** Logierbetriebe, in denen der Begriff Familienurlaub ganz oben ansteht. Längst haben sich die Jugendherbergen vom billigen Michel für Sandalenritter, sozial Schwache und kinderreiche Familien zu einer hervorragend organisierten, weltoffenen Beherbergungskette mit dem größten Bettenangebot gemausert. Zehn Millionen Übernachtungen bundesweit sprechen trotz der notwendig gewordenen Preiskorrekturen nach oben eine deutliche Sprache. Diese positive Entwicklung ist auch auf das beeindruckende Engagement der Herbergseltern zurück zu führen, die heute hoch qualifiziert sein müssen, um als Ansprechpartner ihren Gästen und als Verwalter der ihnen vom DJH anvertrauten Immobilien gerecht zu werden.

So sind die Jugendherbergen längs der deutsch-holländischen Grenze in jeder Hinsicht auf den Gast bestens eingestellt. Das gilt selbstverständlich auch für alle übrigen Jugendgästehäuser innerhalb Deutschlands. Zimmer mit Dusche und WC sind selbstverständlich und auch für Behinderte ist alles so eingerichtet, dass sie sich rundum wohl fühlen und es ihnen an nichts mangelt.

Caféteria, Spielzimmer für Kinder mit Betreuung, Gesellschaftsräume und gemütliche Plauderecken gehören so zum obligatorischen Bestandteil der Herbergen, in denen sich Eltern und Kinder rundum entspannen und erholen können.

Was eine Reise durch das Land zwischen Rhein und Maas unter Einbeziehung der Jugendherbergen besonders reizvoll macht, ist die Tatsache, dass auch Gäste für **eine Nacht** stets willkommen sind. Es wird niemand abgewiesen, darauf sind die Herbergseltern besonders stolz, was man vom Gros der deutschen Hotelbetriebe und Pensionen nicht unbedingt behaupten kann. Ein Grund mehr, in Deutschland einmal Urlaub auf die etwas andere Art zu machen. Besonders für Wanderer und Radfahrer sind die Deutschen Jugendherbergen die idealen Übernachtungs- und Begegnungsstätten, die wir aus eigener Erfahrung rundum und uneingeschränkt empfehlen können.

1 Durch das Wurmtal nach Aachen

Wasserburgen, Flussauen und ein Kaiser

Start: Übach-Palenberg Bahnhof
Ziel: Aachen Hauptbahnhof
Länge: 25 km
Verlauf: überwiegend befestigte Radwege durch Ortschaften, Wald, Feld und Flur, teilweise reine Waldwege, kontinuierlicher Anstieg bis Aachen, kräftige Steigungen
Rückfahrt: von Aachen Hauptbahnhof über Übach-Palenberg zurück zum Heimatort
Entdecken: Wurmtal, Wasserburgen und Herrenhäuser (z. B. Schloss Zweibrüggen, Schloss Rimburg, Haus Heyden), Kaiserstadt Aachen
Karte: 1 : 50 000 Radwanderkarte Niederrhein Süd, Regio Cart RV Verlag Nr. 11 693

Der Wasserreichtum der Nord- und Voreifel brachte im Laufe der Jahrmillionen zahlreiche Flüsse hervor, so die Rur, die Wurm und Inde, um nur die bedeutendsten zu nennen. Wasser bedeutet Leben, und so ist es nur einleuchtend, dass sich an den Flüssen die Menschen ansiedelten. Katen, Weiler und Mühlen entstanden, aus denen sich Dörfer, Orte und später Städte entwickelten. Darüber hinaus erkannten auch weitsichtige Adlige und Politiker die Bedeutung der Flusstäler und beherrschenden Höhenrücken. Deshalb ist es nicht verwunderlich, wenn wir im Verlauf der Radwanderung immer wieder auf prachtvolle Wasserburgen, Schlösser und Herrenhäuser stoßen, die sich wie Perlen auf der Kette durch das malerische Wurmtal, einem Nebenfluss der Rur, bis hinauf in die Kaiserstadt Aachen ziehen. Natürlich hat das Wurmtal noch mehr zu bieten als „nur" Burgen, Schlösser und Mühlen. Zahlreiche Teiche, kleine Seen und Feuchtgebiete machen aus diesem Flusslauf ein Paradies für Pflanzen und Tiere, die man auf dieser Tour beobachten kann. Idyllische Plätze laden zum Verweilen ein.

Höhepunkt dieser Radwanderung ist zweifellos der Besuch der Stadt Aachen, in der Karl der Große zum Kaiser gekrönt wurde.

Einen besonderen Hinweis wert ist das Naherholungsgebiet Übach-Palenberg mit Wildkräuterwiesen, Feuchtbiotopen, Minigolfplatz, Kahnweiher, Kinderspielplatz und Kiosk, das idyllische Wurmtal zwischen Aachen und Geilenkirchen.

Kaiserstadt Aachen

Führungen: Verkehrsverein Aachen, Postfach 2007, 52022 Aachen, Telefon 02 41/1 80 29-60/61, 02 41/1 94 33, Fax 1 80 29-31
e-Mail: mail@aachen-tourist.de,
Internet: www.aachen-tourist.de

Dom und Schatzkammer, Klosterplatz 2, 52062 Aachen, Telefon 02 41/4 77 09-1 27, Fax 4 77 09-1 50
Anmeldung beim Domkapital Aachen
Dauer: 45 Min., Preis pro Pers. DM 3,00,
Stadtrundfahrten ca. 1,5 Std., Termine und Preise auf Anfrage, (Telefon 02 41/1 80 29 60 und -61)

Auskünfte: Aachen tourist infomation, Fax 02 41/1 80 29 30
Rathaus Übach Palenberg,
Telefon 0 24 51/97 90, Fax 97 91 61
Rathaus Herzogenrath,
Telefon 0 24 06/8 30, Fax 1 29 54
Deutsche Bahn AG, Telefon 0 18 05/99 66 33
ASEAG - Fahrplanauskunft Busbahnhof,
Telefon 02 41/1 68 81, Fax 1 68 82 36
Deutsche Bahn AG Herzogenrath,
Telefon 0 24 06/20 15, Fax 92 50 99
Stadtverwaltung Übach-Palenberg,
Telefon 0 24 51/97 9-0, Fax 97 91 61

Internationales Zeitungsmuseum *(Pontstraße 13, 52062 Aachen)*

Geöffnet:	dienstags bis samstags	9.30 - 13.00 Uhr
	dienstags bis freitags	14.30 - 17.00 Uhr
	sonntags und montags	geschlossen
Eintritt:	frei	
Auskünfte:	Telefon 02 41/4 32-45 08	

Couven-Museum *(Hühnermarkt 17, 52062 Aachen)*

Geöffnet:	dienstags und mittwochs	10.00 - 17.00 Uhr
	donnerstags	10.00 - 13.00 Uhr
	freitags bis sonntags	10.00 - 17.00 Uhr
	sonntags um 14.11 Uhr findet eine freie Führung statt	
	montags	geschlossen
Eintritt:	Erwachsene	DM 2,00
	Schüler, Studenten	DM 1,00
	Gruppen/7 Pers.	DM 1,00
Auskünfte:	Telefon 02 41/4 32-44 21	

Computermuseum (Sommerfeldstraße 32, 52056 Aachen)

Geöffnet:	dienstags	9.00 - 13.00 Uhr
	mittwochs	14.00 - 19.00 Uhr
	und nach telefonischer Anmeldung	
Eintritt:	frei	
Auskünfte:	Telefon 02 41/80 76 07	

Gotisches Rathaus

Geöffnet:	täglich	10.00 - 13.00 Uhr
	und	14.00 - 17.00 Uhr
Eintritt:	Erwachsene	DM 3,00
	Schüler	DM 1,50
	Gruppen	DM 2,00
Auskünfte:	Rathaus Aachen, Telefon 02 41/43 27 31-0	

Haus Heyden (Heyder Feldweg 50, 52072 Aachen-Horbach)

Geöffnet:	mittwochs und freitags	9.00 - 13.00 Uhr
	und	15.00 - 18.00 Uhr
	samstags	9.00 - 13.00 Uhr
Eintritt:	frei	
Auskünfte:	Telefon 0 24 07/31 70, Fax 91 60 76, Bio Hof, einkaufen und besichtigen, Übernachtungsmöglichkeit	

Einkehr: zahlreiche Restaurants, Cafés, Imbissstuben und Raststätten im Verlauf der Radwanderung, ansonsten Rucksackverpflegung

Unterkunft: Hotels und Pensionen, in Übach-Palenberg, Herzogenrath und Aachen
Euregionales Jugendgästehaus, Maria-Theresia-Allee 260, Aachen, Telefon 02 41/7 11 01-0, Fax 7 11 01 20
Jugendgästehaus Centrum Bleyerheide, Pannesheiderstraat 71, NL-6462 EB Kerkrade, Telefon 00 31/45/5 45 60 61, Fax 5 45 73 23

Wir beginnen unsere Radwanderung am **Bahnhof Übach-Palenberg**. Da wir mit der Bahn angereist sind, können wir an der „Bahnhofstraße" gleich rechts leicht bergan radeln. Wer trotz der hervorragenden Bahnverbindung mit dem Auto kommt, der findet vor dem Bahnhof und auf einem ca. 50 Meter entfernten Parkplatz ausreichend kostenlose Stellmöglichkeiten. Vorbei am Parkplatz und dem Restaurant „Postwagen" fahren wir längs einer Reihenhaussiedlung,

Alsdorf
Haal- Oppen
Maaren
Übach-
Palenberg
Bardebberg
Schweil-
bach
Merkstein
Herzogen-
rath
Morsbach
Wurm
Aachen
Schloß
Rimburg
Kohlscheid
Richterich
Bank
D
Kerkrade
Eijgelshoven
Horn
Landgraaf
Terwinselen
NL
Hoensbroek
Heerlen
N

bis der Radweg hinter der Barriere rechts abbiegt. So gelangen wir direkt auf die „Eburonenstraße“, der wir folgen. Nach 100 Metern biegen wir rechts ein in die „Bruchhausener Straße“, die auch gleichzeitig der *Radwanderweg 20* ist. Diesen Weg radeln wir weiter bis zu einer Bahnschranke, die wir nach rechts überqueren. Zur Linken erblicken wir das *Wasserschloss Rimburg* aus dem 17. Jahrhundert, und wenn wir den Weg geradezu über die Brücke weiter fahren, gelangen wir nach Rimburg in den Niederlanden. Unser Ziel ist jedoch Aachen. Deshalb biegen wir vor der Brücke nach links ab und befinden uns jetzt auf dem *2-Länder-Routen-Weg* und dem *RW 9*, den man gar nicht verfehlen kann. *Zwei goldene Sterne auf blauem Grund* und die Abkürzung *2LR* sind das Markenzeichen dieses hervorragenden und außergewöhnlichen Weges. Wir radeln bereits im *Wurmtal*, dem wir von einigen kleinen Schlenkern abgesehen, bis Aachen folgen werden. Das **Wasserschloss Rimburg** lohnt schon einen kurzen Aufenthalt und gleich gegenüber der Schlosseinfahrt steht die *alte Mühle*, in der früher Korn und Schrot gemahlen wurde. Wir rollen auf dem Radweg bis zu einer weiteren Bahnschranke, queren die Gleise und fahren nun leicht bergan weiter auf der *Wurmtalroute*, zu erkennen an dem *schwarzen Fahrrad* und dem Namen Wurmtalroute.

Durch Wald und Feld gelangen wir zu einer Einmündung, wo es für uns rechts heißt. Nach 20 Metern queren wir erneut die Bahn und biegen hinter den Schienen links ein. Unser Radwanderweg führt wenig anstrengend aber stetig bergauf durch das idyllische Wurmtal vorbei an einem kleinen Brückchen bis zur Ortseinfahrt Herzogenrath. Über die „Grenzstraße“ radeln wir bis zur Einmündung in die „Kirchrather Straße“, in die wir rechts einbiegen. Ein kurzer Spurt nur und wir befinden uns bereits in Süd-Limburg, einer holländischen Provinz. Weiter geht der Weg in Richtung **Kerkrade/NL**, das nach wenigen Minuten erreicht ist. An der Einmündung in die „Grensstraat“ biegen wir nach links dem Wegweiser *Wormtalroute* folgend ab. Nach zwei Kilometern befinden wir uns wieder in Deutschland und radeln auf der „Eygelshovener“ Straße nach **Herzogenrath**. Das *Haus Nr. 57* ist besonders hübsch anzusehen, da seine Giebelwand mit einem wunderschönen Dschungelbild bemalt ist. Es wird deshalb auch das „Dschungelhaus“ genannt. Der Weg führt weiter bis zur Einmündung in die „Kleikstraße“, wo sich zur Rechten eine *barocke Basilika* aus dem 17. Jahrhundert befindet. Ein kurzer Zwischenstopp zur Besichtigung lohnt sich in jedem Fall. In die „Kleikstraße“ biegen wir links ein, unterqueren die Eisenbahnbrücke und radeln auf der anderen Seite ein Stück in die Fußgängerzone hinein. Dort befinden sich zahlreiche Cafés, Restaurants und Eisdielen, wo es sich fürstlich rasten lässt.

Wer das Wahrzeichen der Stadt, die *Burg Rode* sehen möchte, der biegt an der „Kleikstraße“ rechts ab in die „Burgstraße“, radelt an der Basilika vorbei bergan bis zu einem Parkplatz. Dort weist ein Hinweisschild „Zur Burg“ den Weg. Zur Rechten sieht man dann die Burg Rode, in der sich heute der Verein Burg Rode e.V. Herzogenrath befindet. Empfohlen sei auch ein Abstecher ins Naherholungsgebiet *Broichbachtal*, das bei *Erkensmühle* gleich im Anschluss an die „Kleikstraße“ beginnt.

Wir biegen von der „Kleikstraße“ nach rechts in den „Ferdinand-Schmelz-Platz“ ein, radeln dann rechter Hand weiter über die Straße „An der Wurm“ bis zur Kurve (gegenüber Gaststätte „Alt Herzogenrath“), fahren dort rechts ein und nehmen den Weg am Stadtbrunnen und der Kirche vorbei bis zur Ampel. Dort queren wir die „Schütz-von-Rode-Straße“ und gelangen über die „Weidstraße“ bis zu einer Kreuzung, an der wir rechts in die „Hillenberger Straße“ einbiegen. Jetzt geht es zur Abwechslung einmal talwärts geradezu in eine Sackgasse, die „Hundforter Benden“, hinein, die jedoch für Radfahrer durchgängig ist. Wir befinden uns weiterhin auf dem *2LR-* und *Wurmtalweg*. Nach 30 Metern heißt es links einbiegen, nach 15 Metern wieder rechts und nach weiteren 100 Metern erneut links. Dabei durchradeln wir eine kleine Siedlung mit interessanten Häusern. Jetzt geht es wieder bergan vorbei an einer Brücke, bevor uns der Radwanderweg erneut in das wunderschöne Wurmtal mit seinem herrlichen Baum- und Buschbestand geleitet. Der Radwegbelag wechselt nun in waldig-humos und auch die eine oder andere dickere Wurzel verläuft quer zur Fahrtrichtung. Also Geschwindigkeit reduzieren und aufmerksam radeln. Wir folgen diesem Weg durch einen prachtvollen Buchenhain bis zu einer Schutzhütte, an der wir halb rechts einbiegen. Hier bietet sich eine Rast an, bevor es in die nächste deftige Steigung geht. Nur wenige Schritte sind es bis zur Wurm und so mancher Radfahrer hat dort seine Füße und Waden gekühlt. Zur Linken erkennt man Reste der *Westwallbefestigungen*, während der Weg nun merklich steiler wird. Eine Eisenbahnbrücke wird unterquert, hinter der es gleich links in den ersten heftigen Anstieg dieses Tages geht. Auf der linken Seite begleitet uns weiterhin die Höckerlinie des Westwalls und die Steigung verlangt kraftvolles Pedale treten. Endlich sind wir an der Hauptstraße. Rechts führt uns der Radweg zunächst in Richtung Geilenkirchen, doch an der nächsten Ampel heißt es für uns „Halt“, da wir hier die Straße queren. Gleich gegenüber befindet sich ein Supermarkt. Wir radeln in die Straße „Am Zollhaus“ ein, durchfahren den Kreisverkehr und biegen dann in die „Roermonder Straße“ ein. Wir folgen dem Hinweisschild der *2LR* und radeln in den Ortsteil von Herzogenrath, **Kohlscheid-Pannesheide** und biegen nach rechts in die „Pannesheider Straße“ ein. Genau an der Einmündung befindet sich das Grillrestaurant „Dalmacia“, wo es nicht nur zur Mittagszeit köstlich duftet. Der „Pannesheider Straße“ folgen wir bis zur „Heydenstraße“, in die wir einrollen. Durch eine kleine Siedlung führt die Radwanderung, bis wir den Ortsrand erreichen und geradezu auf der Straße nach Haus Heyden weiterfahren.

Durch Feld und Flur führt der Weg talwärts direkt zu **Haus Heyden**, einem mittelalterlichen Wehrhof mit einer verwunschenen Burgruine aus dem 12. Jahrhundert und vielen weiteren interessanten Sehenswürdigkeiten. Eine Besichtigung ist unbedingt zu empfehlen, und eine Radwandertour mit einer zünftigen Vesper auf einem urigen Bauernhof ist in der Tat eine ganz tolle Sache. Wer Lust hat, seine Tour hier zu unterbrechen, der kann auch im alten Turmzimmer der Burg übernachten. Dutzende Katzen, Hühner, Kühe, Schafe und Schweine warten besonders auf Kinder, die mit ihnen spielen und sich die Zeit vertreiben.

Von Haus Heyden radeln wir anschließend über den „Heyder Feldweg" bis zur „Scherbstraße", in die wir links einbiegen und zum zweiten Mal kräftig bergan strampeln müssen. Schließlich sind wir in den Ausläufern der Voreifel und die macht ihrem Namen alle Ehre.

Dann ist der Höhenrücken überwunden und die weitere Fahrt führt bis in die Einmündung zur „Mühlenbachstraße". Dort zweigen wir rechts ab und radeln im weiteren Verlauf auf der „Haus-Heyden-Straße" bis zur „Amstelbachstraße", die wir überqueren. Auf der anderen Seite benutzen wir noch ein gutes Stück die „Haus-Heyden-Straße", die in Richtung Herzogenrath weiterführt. Der Straßenname wechselt nun in „Banker-Feldstraße", über die wir bis zu einer Kreuzung fahren. Linker Hand steht eine prachtvolle Kastanie. Dort biegen wir links ein in die „Ürsfelder Straße" und gondeln so über den „Ürsfelder Fußpfad" in den Ort **Ürsfeld**. In einer engen Linkskurve folgen wir rechter Hand dem Radweg, der über ein kleines Brückchen vorbei an einem Teich verläuft. Danach erreichen wir eine Ampel und queren die Hauptstraße. Auf der anderen Seite beginnt der „Küppershofweg", dem wir bis zum *Küppershof* und dem *Fischteich* folgen.

Auf dem Küppershof hoffen Ziegen, Hühner und Gänse ebenso auf neugierige Kinder, die eine Rastpause zu allerlei Kurzweil nutzen. Am Fischteich folgen wir dem Hinweisschild *2LR* links nach Aachen und der Weg führt nun wieder stärker bergan. Vorbei an Bauerngehöften gelangen wir zur „Hasenwaldstraße", die wir bis zur Querung der „Berensberger Straße" befahren. Auf der anderen Seite beginnt geradezu die „Ferberberg Straße", die uns die erste längere Talfahrt in Richtung Aachen beschert. In der Talsohle am Straßendreieck mit einer alten Mühle biegen wir halb rechts ein in die „Schloßparkstraße", wobei wir weiter dem *2 LR-Weg* folgen. Kurz vor der Brückenauffahrt über die Autobahn schwenken wir bei der *Speckheuer Follmühle* linker Hand ein in den „Rütscher Weg", wo eine zweite, leichte Talfahrt beginnt. Rechter Hand verläuft die A 4 nach Antwerpen, die uns in reichlich Abstand ein Stück begleitet. Erneut sind die Waden gefordert, denn nun geht es die „Rütscher

Straße" hinauf nach **Aachen** bis zur Einmündung in die „Roermonder Straße", wo wir dem Radweg nach links folgen. Schon schiebt sich das mittelalterliche, mächtige „Ponttor" ins Blickfeld. Dort beginnt auch die „Pontstraße", über die wir in die Aachener Altstadt direkt bis zum *Rathaus* am „Markt" und dem *Karlsbrunnen* gelangen. Über den „Katschhof" sind es nur noch wenige Meter zum **Dom**, dem Wahrzeichen der Kaiserstadt Aachen. Wir sind am Ziel.

Der Fischpüddelchenbrunnen in Aachen

Unbedingte Sehenswürdigkeiten in Aachen:
Ponttor, gotisches Rathaus aus dem 14. Jahrhundert, Karlsbrunnen, Dom aus dem 9. Jahrhundert mit Schatzkammer, die Altstadt um den Hühnermarkt mit Hühnerdieb-Denkmal und Brunnen, Puppen-, Vogel-, Elisenbrunnen, Theater, Marschiertor. Und nicht zu vergessen: Unbedingt die köstlichen Aachener Printen (in allen Variationen) kosten, die zu jeder Jahreszeit eine wahre Gaumenfreude für jedes Naschkätzchen sind.

Nach dieser kräftezehrenden Radwanderung haben wir uns mehr als eine Belohnung verdient. Grillstuben, Eiscafés und hervorragende Restaurants laden zu Schmaus und Trank ein. Guten Appetit. Vom Dom aus gelangt man über die „Kleinmarschier-" und „Franzstraße" zum „Marschiertor", das wie das „Ponttor" zu Resten der Stadtbefestigung gehört. Nach links geht der Weg über die „Lagerhausstraße" direkt zum „Bahnhofsplatz" mit dem **Aachener Hauptbahnhof**, von wo aus wir mit dem Nahverkehrszug oder dem Wupperexpress nach Übach-Palenberg zurückfahren.

2 Naturschutzgebiet Teverener Heide

Zu Heidekraut-Eulen und Moosjungfern

Start/Ziel: Parkplatz Grotenrath
Länge: individuell von 10 km bis 25 km
Verlauf Wald- und Wanderwege, teils befestigt, teils sandig-humos, gelegentliche Steigungen und Abfahrten, überwiegend ebenerdige Wege
Entdecken: Heideflächen, Moore, Sandtrockenrasen und Feuchtwiesen, Teiche und Seen
Karte: 1 : 50 000 Radwanderkarte Niederrhein Süd, Regio Cart RV Verlag Nr. 11693

In unmittelbarer Nähe zur niederländischen Grenze liegt zwischen Übach-Palenberg und Teveren eines der schönsten und größten Naturschutzgebiete des Kreises Heinsberg. Mit rund 450 Hektar zählt es zu den faunistischen Kleinodien des südlichen linken Niederrheins und gehört somit zu den bedeutendsten Biotopen in Nordrhein-Westfalen. Seine herausragende Stellung verdankt die Teverener Heide nicht zuletzt den Einwirkungen der letzten Eiszeit, deren Überreste man auf Schritt und Tritt begegnet. Feuersteine zuhauf und hin und wieder auch einer der seltenen Donnerkeile. Weich und geschmeidig ist diese urwüchsige Landschaft, und an einigen Stellen erheben sich die sandigen, von Kiefern, Birken, Eichen und Buchen bewachsenen Hügel aus dem dichten Grün des Unterholzes. Idyllische Waldseen und Teiche, verschwiegene Moore und sumpfige Böden, herrlich blühende Heidelandschaften und von zahlreichen Blumen verzierte Wiesen; das alles ist die Teverener Heide und doch ist es nur ein winziger Teil von ihr. Was wäre dieses eiszeitliche Relikt ohne die Vielzahl an Tieren, die hier eine Heimat und ihr Auskommen fanden. So der Moorfrosch oder die Heidelerche, die Moosjungfer, eine Libelle und die Heidekraut-Eule, eine seltene Schmetterlingsart.

Wald, Heide, Moor und Wiesen wechseln in rascher Folge, und wo eben noch Moor und Sumpf das Bild einer faszinierenden Landschaft prägten, dehnen sich jetzt saftige Wiesen aus, auf denen die Moorschnucken weiden. Im Bereich der Seenplatte zwischen Christopherus-, Binsen- und Teewensee bietet sich ein grandioser Einblick in die Vielgestaltigkeit des Bodens. Wie die Schichten eines Kuchens liegen die steinigen Hinterlassenschaften eisiger Zeiten offen vor unseren Augen. Zwischendurch bieten sich immer wieder Abzweigungen und Wege zur tiefergehenden Erkundung des Geländes an. An der Püttschneise leuchten die Steilwände einer aufgelassenen Abbruchkante im Sonnenlicht, verursacht durch die Unmengen an Feuerstein, die vor Jahrzehntausenden vom ewigen Eis dort abgelagert wurden. Immer wieder gibt es Neues zu entdecken und wer sich für Natur und Umwelt, für Pflanzen und Tiere und für die Ausbreitung des Lebens nach der Eiszeit interessiert, der ist in der Teverener Heide genau richtig.

Einkehr: Rucksackverpflegung während der Tour, ansonsten in den angrenzenden Orten Grotenrath oder Teveren

Unsere Radwanderung beginnt am **Parkplatz Grotenrath**. Wir radeln auf direktem Weg bis zum Waldrand, biegen am Wegekreuz rechts ab und folgen dem Radwanderweg mit der *quadratischen Kennzeichnung*, der auch gleichzeitig der „Große Rundwanderweg“ ist. Auf den Hinweistafeln bemerken wir noch zahlreiche andere Kennzeichen. Damit sind die Wege markiert, die als Querverbindungen die Heide durchziehen. So verläuft auf dem Großen Rundwanderweg teilweise der „Heidemoorweg“ (*sechseckiges Schild*), der „Große Heideweg“ (*Kreuz*) und der „Kleine Rundweg“ (*Rechteck*). Schon stecken wir mitten im Wald und die Landschaft sieht bereits recht abenteuerlich aus. Dann kreuzen wir den ersten Weg, die „Rollbahn“, wo sich zur Linken ein Abstecher zum *Heidemoor Wiggelewak* anbietet. Auf großen Schautafeln werden die Besucher umfassend über die Entstehung und Bedeutung des Moores informiert. Weiter geht die Fahrt leicht hügelwärts, dann wieder bergab bis zu einer Einmündung, in die wir links einfahren. Zur Rechten radeln wir an einem Zaun entlang. Dahinter liegt der Nato-Flugplatz Teveren. Nach einer leichten Steigung sind wir auf der anderen Seite des Heidemoores Wiggelewak angelangt. Hier besteht die Möglichkeit zu einer ersten Rast, weil sich unter mächtigen Kiefern eine Sitzbank befindet. Von dort bietet sich ein herrlicher Blick auf das Moor. Wir folgen anschließend dem Verlauf des Weges immer längs des Zaunes bis zu einer weiteren Einmündung.

Hier könnte es auch im Sommer etwas feucht sein, weil sich diese Einmündung in einer Senke befindet. An der Einmündung heißt es für uns rechts, und noch einmal ist der Sperrzaun für ein kurzes Stück unser Begleiter. Achtet auf die vielfältige Flora und Fauna, die besonders in diesem Bereich sehr ausgeprägt ist. An sommerlich warmen Tagen lassen sich neben Eisvögeln, Bachstelzen und Buntspechten auch die prächtig gefärbten Zauneidechsen beobachten, die ganz besonders warmen Sandboden lieben.

Dann öffnet sich der Wald wie von Zauberhand und zur Rechten erblicken wir den Flugplatz der Nato-Airbase mit Rollfeld und Hangars. Wenn ihr Glück habt, erlebt ihr gerade den Start eines Aufklärungsflugzeuges. Die tragen eine riesige Antenne auf dem Rücken.

Weiter geht unsere Radwanderung auf dem *Großen Rundwanderweg*. Jetzt erreichen wir **Gut Eichenkönig**, eine Bauernwirtschaft in unmittelbarer Nähe zum Flugplatz. Zur Linken erstreckt sich ein weitläufiger See, der *Weiterteich*, in dem ihr euch getrost die Hände und das Gesicht erfrischen könnt. Dann macht der Weg am Wachhäuschen einen Knick und wir radeln dem Hinweisschild *Qua-*

drat weiter nach in Richtung *Parkplatz „Katharinenhof"*. Erschreckt euch nicht wegen der vielen Hunde, die plötzlich bellen. Auf der rechten Seite hat ein Hundezüchter seine Zwinger. Nur damit ihr Bescheid wisst und nicht vor Schreck vom Sattel fallt.

Moorschnucken in der Teverener Heide

Die *Schafmeisterei Katharinenhof* züchtet die berühmten Moorschnucken, die ihr auf den Weiden und vielleicht auch als Herde auf der Wanderung durch die Heide beobachten könnt. Der Schäfer freut sich über Euren Besuch und erzählt gerne über sich und seine Arbeit. Am Parkplatz biegen wir links ein und fahren dem *Großen Rundwanderweg* nach. Rechter Hand betreiben Fischzüchter ihr Gewerbe, und wer Appetit auf ein schmackhaftes Forellenfilet bekommt, der ist hier genau richtig. Schon kommen der *Schwalben- und Kiefernsee* in Sicht, wo sich trefflich rasten und plantschen lässt. Weit dehnt sich zur Rechten die sandige Heidefläche aus, auf der neben ein paar Birken nur Eriken und Ginster wachsen. Geradezu gelangen wir nun an den *Erlenteich*, der seinem Namen alle Ehre macht. Hochauf streben die stattlichen Bäume dem Himmel entgegen und der Blick fällt tief hinab in das schimmernde Blau des *Binsensees*, der inmitten einer urwüchsigen Moränenlandschaft still und friedlich ruht. An dieser Stelle macht unser Weg einen scharfen Knick nach links und dann geht es zunächst auf gut zu fahrendem Weg in Richtung *Seerosenteich* und *Teewensee*. Am *Wegedreieck Teewensee* halten wir uns rechts, umradeln den See und gelangen an eine weitere Einmündung. Dort sehen wir das Schild *Scherpenseel*, an dem wir rechts einbiegen. Unsere Fahrt führt uns so am *Rohrkolbensee* vorbei. Dann macht der Weg einen scharfen Knick nach links und die Radfahrt geht nun recht flott talwärts durch eine Senke. Zu unserer Linken bedeckt blühende Heide weite Teile des Bodens, gesäumt von dichtem Kiefernwald, während sich zur Rechten von Wind und Wasser zerfurchter Boden ausdehnt.

Jetzt heißt es wieder etwas kräftiger treten, denn es geht leicht hügelan. Das florale Kleid der Heidelandschaft wechselt sichtbar

0
500 m
N
NATO Airbase
D
Heidemoor „Wiggelewak“
Heidemoor „Flachslöcher“
Teverener Heide
Pütt-chen
nach Scherpenseel
Parkplatz Scherpen-seel
„Einsames Moor“
Gut Eichenkönig
NATO Airbase
Welter-teich
Schwalben-see
Heidemoor „Kuhute“
Kiefern-see
K.-S. Werke
NL
Grenzweg
Krümmel-teich
Parkplatz Katharinenhof
Toewensee
Heidesee
Katharinen-see
Schafmeisterei Katharinenhof
nach Niederbusch
Borgerteiche
Rohrkolbensee
Grenzweg
Mosam-see

und macht einer kargen Sand- und Geröllwüste Platz, durch die wir bis fast zum *Parkplatz Scherpenseel* folgen. Zu unserer Linken erstreckt sich ein tiefes, sandiges Tal, in dem nur vereinzelt Kiefern und Birken wachsen. Erst auf der anderen Seite können sich die Bäume in größerer Zahl behaupten. Am Parkplatz Scherpenseel biegen wir links ein und radeln zwischen Feld und Heide längs des Waldrandes vorbei am *Püttchen*, einem alten Brunnenhaus, das vor Jahrhunderten einmal zu einer Siedlung gehörte, die längst verschwunden ist. Weiter geht der Weg und in der Ferne grüßt schon der Parkplatz Grotenrath zu uns herüber. Unsere Radwandertour führt uns bis zur nächsten Abzweigung, in die wir links einfahren. Die Hinweisschilder wechseln nun, denn wir haben den *Großen Rundwanderweg* verlassen. Die Markierungen sind jetzt das *Sechseck*, das *Rechteck* und das *Kreuz*. Wir durchqueren das *Einsame Moor* und gelangen zu zahlreichen Erhebungen und Aufschlüssen, bis sich plötzlich vor uns die Erde auftut und wir vor einem riesigen, sandig-moorigen Tal stehen. Interessante geologische Formationen ziehen das Interesse auf sich, Wildschweine und Rehe sind zu beobachten und erst an der zweiten Abzweigung rechts mit dem Hinweis *Sechseck* radeln wir wieder durch tiefen Wald dem *Heidesee* entgegen. Jetzt sind es noch ein paar hundert Meter und wir gelangen zu einer weiteren Einmündung, wo wir uns rechts halten. Dieser Weg ist mit *Sechseck* und *Stern* markiert und führt uns vorbei am Heidemoor *Kuhute* bis zu einer Wegekreuzung. Dort biegen wir rechts ab und nach hundert Metern gleich wieder links. Neben dem Reitweg radeln wir nun wieder leicht bergan direkt auf den **Parkplatz Grothenrath** zu. Das muss jedoch für euch noch lange nicht das Ende dieser Tour sein, denn es gibt noch zahlreiche verwunschene Pfade in der Heide, die ihr allerdings nicht mit dem Rad befahren, sondern nur zu Fuß erwandern könnt. Aber ein guter Fahrradfahrer geht auch gerne einmal auf Wanderschaft, besonders wenn es viel zu entdecken gibt.

3 Vom Rodebachtal ins Tal der Wurm

Zu Spielplätzen und Hochwildgehege

Start:	Waldfeucht
Ziel:	Übach-Palenberg Bf
Länge:	35 km
Verlauf:	überwiegend befestigte Radwege durch Ortschaften, Wald, Feld, Flur und Heide, vereinzelt Feldwege, kiesig-sandig, nur geringfügige Steigungen, ansonsten ebenerdig
Rückfahrt:	von Übach-Palenberg mit Zug und/oder Bus bis Geilenkirchen, Aachen oder Neuss/Düsseldorf, bzw. mit dem Bus bis Waldfeucht
Entdecken:	Wind- und Wassermühlen, Schlösser und Burgen, Schloss Zweibrüggen und historischer Wasserturm in Übach-Palenberg, mittelalterliche Städtchen (Altstadt von Waldfeucht mit historischem Ortskern), Pfarrkirche Waldfeucht, Hochwildfreigehege Gangelt
Karte:	1 : 50 000 Radwanderkarte Niederrhein Süd, Regio Cart RV Verlag Nr. 11 693
Einkehr:	Cafés, Restaurants und Imbissstuben an der Strecke

Auf dieser Radwanderung erleben wir den Übergang von den letzten welligen Ausläufern der Voreifel in die beschauliche Sanftheit des Rheinlandes und beginnenden Niederrheins. Die sichtbaren Veränderungen zeigen sich ganz besonders in der Aufbereitung der Ackerflächen, die weitläufig das Land bis zum Horizont bedecken. Dazwischen eingestreut waldreiche Gebiete, Heiden, Feuchtgebiete und Moore, die zu erradeln einfach herausfordern. Malerische Ortschaften mit mittelalterlichen Stadtbildern säumen die Fahrradroute, und allenthalben recken sich die behäbigen Leiber der Steinturmwindmühlen von Waldfeucht und Breberen in den blauen Himmel. Bachläufe, kleine Flüsse, Teiche und Weiher verleihen dieser sanftmütigen Landschaft ihren besonderen Reiz. Zwischen Eichen, Buchen und Linden liegen beiderseits der Landesgrenze versteckt reizvolle Schlösser, Burgen und Kapellen, die es zu entdecken gilt.

Das Naherholungsgebiet „Wurmtal" bei Übach-Palenberg bietet Römerthermen, Wildkräuterwiesen, Feuchtbiotope, Minigolfplatz, Kahnweiher, Kinderspielplatz und Kiosk, das Schloss Zweibrüggen mit regelmäßigen Ausstellungen.

Auskünfte: Rathaus, 52531 Übach-Palenberg,
Telefon 0 24 51/97 90

Das Naturschutzgebiet „Rodebachtal“ zwischen Gangelt (mit Hochwildfreigehege) und Gillrath, Heimatmuseum in Gangelt, dampfbetriebene Schmalspureisenbahn zwischen Gillrath und Schierwaldenrath, Freibad in Gangelt

Auskünfte: Rathaus, 52538 Gangelt, Telefon 0 24 54/5 88-0, Fax 28 52

Geilenkirchen mit Wasserburg Trips (15./17. Jahrhundert), Patrizierhäusern (17./18. Jahrhundert) und dem Kreismuseum

Auskünfte: Rathaus, 52511 Geilenkirchen, Telefon 0 24 51/62 90, Fax 62 92 00

Heinsberg mit Burgruine, Selfkantdom und Kreismuseum (12./16. Jahrhundert) sowie Burg Randerath (18. Jahrhundert) und sehenswerten Windmühlen

Auskünfte: Rathaus, 52525 Heinsberg,Telefon 0 24 52/1 40, Fax 1 42 60,
Heinsberger Tourist Service e. V., Kirchstraße 26, 41849 Wassenberg, Telefon 0 24 32/9 60 60, Fax 96 06 19

Waldfeuchter Windmühle und Mais-Labyrinth

Auskünfte: Familie Tholen, Waldfeucht, Telefon 0 24 55/18 72

Führungen: Mais-Labyrinth: Vom Juli bis Mitte September eines jeden Jahres Irrgarten im Maisfeld

Industriegeschichtliche Führungen:
Von April bis September jeden ersten Sonntag im Monat 14.00 - 16.00 Uhr

Auskünfte: Stadtverwaltung Übach-Palenberg, Telefon 0 24 51/97 9, Fax 97 91 61;
Verein für Denkmalpflege e. V. Übach-Palenberg, Telefon 0 24 51/4 33 17

Hochwildfreigehege Gangelt

Geöffnet: täglich 9.00 - 19.00 Uhr
außer Weihnachten und Neujahr

Eintritt:	Erwachsene	DM	9,00
	Jahreskarte	DM	60,00
	Kinder (4-15 J.)	DM	6,00
	Jahreskarte für Kinder	DM	30,00
	Gruppen (ab 20 Pers.)	DM	6,00
	Schulklassen pro Kind	DM	3,00

Führungen: Greifvogelschau nach Absprache
Auskünfte: Telefon 0 24 54/24 59

Kreis- und Mühlenmuseum Heinsberg,
Kreismuseum Geilenkirchen,
Museumsmühle Gangelt-Breberen

Geöffnet:	dienstags bis samstags	14.00 - 18.00 Uhr
	sonntags	10.00 - 12.30 Uhr
	und	14.00 - 18.00 Uhr
	Gruppen nach Vereinbarung	
Eintritt:	**Heinsberg:**	
	s. Infoteil Kapitel 4	
	Geilenkirchen:	
	s. Infoteil Heinsberg Kapitel 4	
	Gangelt:	
	nur nach Terminabsprache	
Auskünfte:	Museumsleitung Heinsberg,	
	Telefon 0 24 52/13 40 27, Fax 13 40-95	

Bauernmuseum Selfkant - Tüddern

Geöffnet:	mittwochs und sonntags	13.00 - 18.00 Uhr
	Gruppen nach Vereinbarung	
Eintritt:	Erwachsene	DM 5,00
	Kinder	DM 3,00
Auskünfte:	Telefon 0 24 56/46 24	

Kleinbahnmuseum Selfkantbahn
(Von Gillrath nach Schierwaldenrath)

Geöffnet:	ganzjährige Veranstaltungen mit dampfgetriebenen Lokomotiven an den Wochenenden sowie besonderen Feiertagen	
Eintritt:	Erwachsene (einschl. Fahrt)	DM 9,80
	Kinder	DM 4,90
Auskünfte:	Geschäftsstelle: Telefon 02 41/8 23 69, Fax 8 34 91	
	Bf. Schierwaldenrath: Telefon 0 24 54/66 99, Fax 72 45	
	Bf. Gillrath: Telefon 0 24 51/6 69 90 (an Betriebstagen);	
	Internet: www.dhm.de/museum/IHS/	

Freibad Gangelt

Auskünfte: Haus Hamacher, Telefon 0 24 54/14 14

3 Vom Rodebachtal ins Tal der Wurm

Unsere Radwanderung beginnt auf dem **Parkplatz Marktplatz** Ecke „Brabanter Straße“ in **Waldfeucht** gleich neben der Kirche. Bevor wir zur Radtour aufbrechen ist zur Einstimmung eine Rundfahrt durch den Ort empfohlen. Folgt einfach den Hinweisschildern *Stadtbefestigung - historische Wallanlage* auf dem „Heckenweg“. Auf diesem Rundweg kommen wir automatisch wieder zum Parkplatz bei der Kirche zurück. Gleich nebenan befindet sich ein Einkaufsladen, wo der Proviant ergänzt werden kann. Schön anzuhören ist auch das Glockenspiel auf dem Marktplatz, das alle Stunde ein fröhliches Lied spielt.

Vom Marktplatz aus biegen wir in die „Mühlenstraße“ ein, die auch gleichzeitig den *Radwanderweg 2 LR/RW 9* aufnimmt. Die Kennzeichnung ist uns bereits bekannt, nämlich *zwei goldene Sterne auf blauem Feld*. Dazu wieder das übliche *sechseckige Schild* mit dem *grünen Radfahrsymbol* und der *Nummer* des Radwanderweges, in unserem Fall die *9*. Der Weg verläuft zunächst in Richtung Gangelt und biegt nach 400 Metern links ab in einen Feldweg, wo wir nach 200 Metern die rechte Abzweigung nehmen und schon voraus die *Waldfeuchter Mühle* erblicken. Die Steinturmwindmühle ist in Betrieb und lohnt in jedem Fall eine Besichtigung. Gleich gegenüber bietet sich das *Mais-Labyrinth* zur Erkundung an. Geradezu erreichen wir die *Marien-Kapelle* aus dem Jahre 1879, die unter mächtigen Linden ein wenig versteckt liegt und ein idealer Rastplatz ist. Dort biegen wir links ab und folgen dem Radwanderweg durch Feld und Flur bis zu einem *Wegekreuz*, wo es für uns rechts heißt. Saeffelen, die nächste Ortschaft erwartet uns bereits.

Die Windmühle von Waldfeucht

Bald pausieren wir unter einem mächtigen Kastanienbaum, der an heißen Sommertagen ein herrlich schattiges Plätzchen bietet, bevor die Fahrt weitergeht. Linker Hand drehen sich die Propeller der Windenergieanlagen und erzeugen so umweltfreundliche Energie. Auf dem *Radweg 2 LR/RW 9* radeln wir durch **Saeffelen** zur „Friedhofstraße“, in die wir rechts einbiegen in Richtung Gangelt. An der „Waldfeuchter Straße“ richten wir uns nach dem Hinweis links, queren danach die Straße „Am Dorfanger“, radeln geradezu weiter und fahren dann rechts auf der „Lindenstraße“ weiter bis zur Kurve, wo wir halb links dem Radwegesymbol *2 LR/RW 9* nachfahren und

Wald-
feucht
Schierwalden-
rath
N
Zweibrüggen
alenberg
Teveren
Scherpen-
seel
Rimburg
Stahe
Niederbusch
Römerwall
Grotenrath
Ubach
over
Worms
Wurm
Teverener
Staatsforst
Gangelt
Kerkrade
Nieuwenhagen
Selfkant
D
Eijgelshoven
Süsterseel
Rodebach
Brunssum
Havert
Höngen
Schaesberg
Tüddern
NL
Hoensbroek
Heerlen
Rodebach
Sittard

in die Straße „Zum Schützenbruch“ einbiegen. Der Weg verläuft nun ein wenig talwärts und nach dem Ortsschild „Saeffelen“ biegen wir gleich rechts ab in den „Diecker Weg“ nach Höngen. In **Höngen** stoßen wir auf die Straße „Op de Berg“, in die wir links einrollen und jetzt auf dem *2 LR/RW 9/18* weiterradeln. Dann ist die „Westerholzer Straße“ erreicht, wo es für uns links heißt und der wir bis zur „Birder Straße“ folgen, wo wir uns nochmals links orientieren. Nun fahren wir bis zur Einmündung auf die Hauptstraße nach Geilenkirchen/Gangelt (*Hinweisschilder schwarz auf gelb*) und biegen dort auf den Radweg rechts ein. Durch Feld und Wald gelangen wir zur Gaststätte „Haus Waldesruh“, wo sich eine zünftige Rast anbietet. Ein großer Spielplatz und ein Streichelzoo laden zum Verweilen ein. Auf unserem weiteren Weg erreichen wir **Süsterseel**, wo wir an der Hauptstraße links auf den Radweg wechseln in Richtung Gangelt/Geilenkirchen. Über die Straße „An der Waldschänke“, die später in die „Karl-Arnold-Straße“ übergeht, fahren wir bis zur Einmündung „Suestra Straße“, in die wir links einbiegen. „Am Dorfplatz“ halten wir uns rechts auf Gangelt/Jabeek/NL, queren die Straße und radeln geradezu in die Straße „Feldchen“ ein. Rechter Hand passieren wir eine Kleingartenkolonie, an die sich ein umfangreiches Waldgebiet anschließt. Leicht geht die Fahrt hügelan in den Wald hinein, wo wir an der ersten Wegekreuzung rechts abbiegen und über den *Radwanderweg 2 LR/RW 9* zum **Hochwildfreigehege Gangelt** gondeln. Zur Linken sehen wir bereits die ersten Hirsche und Wisente, die zwischen den Bäumen dösen oder in den Wiesen liegen. Zuvor bietet ein Abenteuerspielpatz ausreichend Gelegenheit zum Toben und Abenteuern. Rechter Hand lädt die Schutzhütte „Rentner-Treff“ mit Tisch und Bänken in herrlicher Waldlage zum Verweilen ein, bevor es hinab geht in das Naturschutzgebiet des Rodebachtals. Jetzt nimmt der zweifellos schönste Abschnitt dieser Radwanderung seinen Anfang, der später mit dem Naturschutzgebiet Wurmtal bei Übach-Palenberg seinen Höhepunkt erreicht. Doch zunächst folgt die Radfahrt hinab in das Rodebachtal, wobei wir das Hochwildfreigehege in leichtem Bogen umrunden. Durch dichten Wald radeln wir immer in Sichtweite des Geheges und erreichen das Café-Restaurant „Etzenrather Mühle“. Wer das Hochwildgehege besuchen möchte, der biegt hier links ein und folgt den Hinweisen über den Parkplatz bis zum Haupteingang. Unser Radwanderweg verläuft längs des Rodebachs, wobei wir zunächst eine Brükke unterqueren. Links befindet sich ein weiterer Parkplatz mit Zufahrt zum Hochwildgehege.

Wir radeln am Parkplatz vorbei und folgen dem *Radwegezeichen 2 LR/RW9* in Richtung des Ortes *Mindergangelt*, dessen Häuser sich zur Linken aus Feld und Wald erheben. Geradezu führt der Radweg nun ein beachtliches Stück durch das **Naturschutzgebiet Rodebachtal**, das durch seine zahlreichen Feuchtgebiete, die Artenvielfalt und die Möglichkeit zur intensiven Naturbeobachtung einfach ideal ist. Ein Fernglas ist daher auf dieser Tour unerlässlich.

Wem es jetzt schon zu warm geworden ist, der kann sich im *Freibad Gangelt* erfrischen. Im Verlauf des Radweges gelangt man zur Abzweigung mit dem Hinweisschild „Haus Hamacher - Café und Restaurant-Freibad Gangelt". Dort kann man einbiegen und erreicht nach knapp zweihundert Metern das beheizte Freibad. Wer zudem Lust auf eine Kahnpartie hat, der kann hier nach Herzenslust auf einem großen See rudern. Der Spielplatz ist gleich nebenan und auch ein Fahrradverleih bietet Drahtesel für jedermann an. Bald queren wir das erste von zahlreichen Brückchen nach rechts, um auf der anderen Seite gleich links weiter zu fahren. Hin und wieder müssen wir an Landstraßen kurz anhalten, da wir auch diese überqueren. Sicherheit hat immer Vorrang! Das Hinweisschild zeigt nun *Gillrath* an, von wo die *Selfkant-Museumsbahn* nach *Schierwaldenrath* dampft. Ein tolles Spektakel, das über das Jahr viele Menschen anlockt. Erneut gelangen wir an eine Querstraße mit Brücke, radeln vorsichtig hinüber und setzen unsere Fahrt auf der anderen Seite geradezu in Richtung *Teveren* fort. Kaum haben wir diese Brücke geschafft, wartet schon die nächste auf uns. Wieder Obacht geben und auf der anderen Seite munter weiter radeln auf dem *Fahrradweg 2 LR/RW9*. Beidseitig erstrecken sich saftige Weiden, auf denen stattliche Kühe grasen. Sogar eine Herde schottischer Hochlandrinder „Galloways" schreiten gemächlich durch Schilf und Gras und machen durch ihr beeindrukkendes Aussehen auf sich aufmerksam.

Wieder kommt eine Straßenbrucke in Sicht, die wir aufmerksam queren, um auf der gegenüberliegenden Seite weiter zu rollen. An der nächsten folgenden Brücke biegen wir rechts ein, um gleich danach links dem Lauf des Rodebachs zu folgen. Der Wasserreichtum der Region macht die zahlreichen Brücken einfach notwendig, da man sonst nur schwerlich die kleinen Ortschaften und Dörfer erreichen würde. Außerdem dienen die Brückchen auch den Landwirten als Zufahrt zu den Weiden und Wiesen. Zur Linken kommt nun der kleine Ort *Stahe* in Sicht, den wir nur am Rande streifen. Wir queren die örtliche Zufahrtsstraße und folgen auf der anderen Seite dem Hinweisschild der *2LR*. Kurz danach erreichen wir bereits **Gillrath** und radeln auf der Straße „An der Burg" bis zur „Von-Bronsfeld-Straße", biegen dort rechts ein und radeln in Richtung Teveren weiter. Durch Feld und Flur führt der Radweg bis zur Ortschaft **Panneschopp-Bocket**, wo bis in die Fünfzigerjahre noch Dachziegel hergestellt wurden; daher der Name des Ortes. Reste der Ziegelöfen sind noch erkennbar. An der Einmündung in die „Panneschopp-Bocket-Straße" biegen wir rechts ein, radeln ein kurzes Stück durch den Ort und gelangen auf einen Feldweg. Der Wegebelag wechselt nun von Asphalt in Sand und Kies.

Linker Hand dehnt sich das *Naturschutzgebiet Panneschopp* aus, wo viele seltene Pflanzen und Tiere eine Heimstatt gefunden haben. Geradezu folgen wir dem Radwanderweg und fahren an der *Nato-Air-Base Teveren* vorbei, die sich rechts von uns befindet. Zur Linken liegt eine idyllische Heidefläche. Dort lohnt sich eine Verschnaufpause, denn so bietet sich die Gelegenheit, die großen Flugzeuge bei Start und Landung zu beobachten.

Weiter führt der Weg bis zu einem Sportplatz, hinter dem wir rechts in die Straße „Teverener Heide" abbiegen. Wir radeln bis zur Hauptstraße, biegen links ein und halten uns auf dem Radweg in Richtung Geilenkirchen B 56/B 221. Nach eineinhalb Kilometern verlassen wir den Radweg und biegen links in eine Anliegerstraße ein. Nur 30 Meter sind zu fahren, dann halten wir uns scharf rechts, unterqueren die Hauptstraße und erreichen **Grotenrath**. Am Ortsschild biegen wir rechts ein, um nach 100 Metern gleich wieder links zu fahren. Wir befinden uns nun auf der Straße „Hinter den Höfen". Der Wegweiser des *2LR/RW9* zeigt nun auf *Marienberg*. Unsere Fahrt geht bis zur „Corneliusstraße", in die wir links einfahren, um nach 30 Metern rechts in den „Laubenweg" einzubiegen. Diesem Weg folgen wir bis zur „Scherpenseeler Straße" , wo wir uns links halten auf Richtung Übach-Palenberg. So radeln wir bis kurz vor den Ort Übach-Palenberg und biegen dort nach links in eine Anliegerstraße ein. Leicht geht die Fahrt hügelan bis wir erneut eine Straße queren müssen, um auf der anderen Seite gleich nach rechts auf den Radweg zu fahren. An der Einmündung zur Straße „Im Feld" (*Hinweisschild Windhausen*) halten wir uns scharf links und bleiben auf der linken Fahrbahnseite! Hier verläuft nämlich der ausgewiesene Radweg!! Im Verlauf der Fahrt gelangen wir zur Einmündung „Windhausener Straße", wo wir rechts abbiegen. Von weitem grüßt uns bereits das Wahrzeichen der Stadt Übach-Palenberg, der *Wasserturm* der stillgelegten, ehemaligen Steinkohlenzechenanlage. Nun radeln wir talwärts hinab in das Wurmtal bis zur „Wurmtalstraße", die wir queren. Auf der anderen Seite beginnt der Ortsteil *Übach-Palenberg-Zweibrüggen* mit dem gleichnamigen Schloss. Nach 300 Metern ist die Wurm erreicht. Zur Linken befindet sich ein einladender Rastplatz und am anderen Ufer der Wurm erhebt sich das *Schloss Zweibrüggen*. Vor der Brücke biegen wir rechts ein auf den *2 LR/RW9 Uferradweg*, der uns direkt in das **Naherholungs- und Naturschutzgebiet Wurmtal** führt. An der hölzernen Brücke überqueren wir die Wurm und schon befinden wir uns inmitten einer Teich- und Seenlandschaft. Hier finden Kinder und Erwachsene alles, was das Herz eines Radwanderers begehrt. Interessant sind vor allem die Reste einer *römischen Villa mit Thermen*, die seit fast 2000 Jahren an dieser Stelle stehen. Wer dem Radwanderweg ein kurzes Stück weiter flussaufwärts folgt, unterquert eine Brücke. Gleich dahinter führt eine schmale Straße direkt zum **Bahnhof Übach-Palenberg**, von wo die Züge nach Geilenkirchen, Aachen, Neuss und Düsseldorf verkehren. Weitere Anschlussmöglichkeiten zur Rückfahrt mit dem Bus nach Waldfeucht bestehen weiterhin in Geilenkirchen und Gangelt.

4 Von Linnich bis Roermond/Holland

Steinkohle, Flussfischer und Windmüller

Start:	Linnich
Ziel:	Roermond
Länge:	47 km
Verlauf:	überwiegend befestigte Radwege längs der Rur, durch Ortschaften, Feld und Flur, teilweise reine Feldwege, erdig-humos aber auch sandig-kiesig, keine Steigungen
Rückfahrt:	mit dem Zug von Roermond nach Viersen, Mönchengladbach, Aachen oder Düsseldorf
Entdecken:	Rurtal, Wasserburgen Effeld und Neuerburg, die Herrenhäuser Großkünkel, Kleinkünkel, das Rittergut Grittern und Haus Hall bei Hückelhoven, Haus Hückelhoven, Hafenstadt Roermond
Karte:	1 : 50 000 Radwanderkarte Niederrhein Süd, Regio Cart RV Verlag Nr. 11 693

Die Rurtal-Radwanderung von Linnich bis zur Mündung der Rur in die Maas bei Roermond in Holland führt uns durch eine typische Region des Rheinlandes, die bereits stark vom Einfluss des Niederrheins geprägt ist. Weitläufig erstreckt sich die Landschaft zwischen den Flüssen Rur, Wurm und Maas, deren charakteristisches Merkmal die Landwirtschaft und Viehhaltung ist. Allenthalben finden sich malerisch gelegene Gehöfte, kleine Ortschaften, Dörfer und Weiler. Geruhsamkeit, Stille und Erholung haben hier einen besonders hohen Stellenwert. Die Menschen leben im Einklang mit und von der Natur und wo es einmal nicht zur Landwirtschaft reicht, findet sich produzierendes Kleingewerbe in Form von Handwerksbetrieben. Stattliche Mühlen säumen die Region beiderseits des Radweges. Schlösser, Wasserburgen und Herrenhäuser zeugen von einstiger Größe und Pracht. Weithin sichtbar erheben sich die Kirchen der Ortschaften und weisen dem Rad-Wanderer den Weg. Die Auen- und Flusslandschaft der Rur beschert den Berufsfischern und Hobby-Anglern bis hinunter nach Roermond einträgliche Pfründe, und wer die Speisekarten der Restaurants und Gasthäuser studiert, wird von der Reichhaltigkeit heimischer Fischgerichte mehr als überrascht.

Die Nähe zu unseren holländischen Nachbarn wird in fast allen Dingen des täglichen Lebens sichtbar und erst die Andersfarbigkeit der Straßen- und Verkehrsschilder macht letztlich deutlich, dass wir im Verlauf der Radwanderung längst in Holland angekommen sind und uns der Hafenstadt Roermond, einem mittelalterlich-verwinkelten Kaufmannsstädtchen nähern. Eine Stadtrundfahrt mit dem Fahrrad ist einer der Höhepunkte dieser Radtour, die Ihnen das Tor hinein in die Weite der niederrheinischen Landschaft zwischen Maas und Rhein ganz weit öffnet.

Glasmuseum Linnich (Rurstraße, in der alten Wassermühle)

Geöffnet: dienstags bis sonntags 11.00 - 17.00 Uhr,
montags geschlossen
Eintritt: Erwachsene DM 8,00
Kinder DM 5,00
Familienkarte DM 15,00
Auskünfte: Kultur- und Verkehrsamt Jülich,
Telefon 0 24 61/34 63 63
Heinsberger Tourist Service:
Wassenberg, Telefon 0 24 32/9 60 60, Fax 96 06 19

Kreis- und Mühlenmuseen Heinsberg

Geöffnet: dienstags bis samstags 14.00 - 18.00 Uhr
sonntags 10.00 - 12.30 Uhr
und 14.00 - 18.00 Uhr
Gruppen nach Vereinbarung
Eintritt: Die Museumsmühle ist nur nach Vereinbarung geöffnet, der Eintritt für alle Mühlen ist frei
Auskünfte: Museumsleitung Heinsberg, Telefon 0 24 52/13 40 27

Teverener Heide

Auskünfte: Amt für Planung und Umwelt,
Telefon 0 24 52/1 30, Fax 13 61 95;
Forstamt Eschweiler,
Telefon 0 24 03/9 45 00, Fax 94 50 85;
Forstbetrieb Selfkant,
Telefon 0 24 51/95 99 01
Heinsberger Tourist Service:
Telefon 0 24 32/9 60 60

Tipp:
Wenn es einmal zu heiß werden sollte, hilft garantiert der Besuch des Rheinischen Feuerwehrmuseums in Erkelenz-Lövenich. Auskünfte: Telefon 0 24 34/39 71

Wir starten am „**Place de Lesquin**“ in Linnich, wo ein Hinweisschild gleich den Weg zum *Rur-Ufer-Radweg* anzeigt. Vorbei an den Silos der Raiffeisenzentrale radeln wir zunächst bis zur B 57, in die wir links auf den Radweg einbiegen. Wir folgen dem Weg etwa 200 Meter bis zu einer Abzweigung, queren dort die B 57 und fahren auf der anderen

Seite an der Kläranlage gleich wieder rechts dem Hinweisschild *Rur-Ufer-Radweg* nach. Wir umrunden die Wasseraufbereitung und gelangen in die Wiesen- und Auenlandschaft des Rurtals. Auf der weiteren Fahrt erreichen wir eine Brücke, an der wir vorbei radeln und nach links in die Straße einbiegen. Nach 80 Metern heißt es für uns gleich wieder rechts und auf einem Wirtschaftsweg fahren wir nun bis zu einer *Schwarzpappel*, die weithin sichtbar das Gelände beherrscht. An dieser Pappel biegen wir links ab, um nach 300 Metern erneut rechts dem *Rur-Ufer-Radweg* zu folgen. Kühe, Schafe und Pferde grasen auf den Weiden und die Graureiher stehen am Rurufer. Am nächsten Hinweisschild halten wir uns rechts, denn der Weg führt nun wieder zur Rur zurück. An dieser Stelle sind Abstecher nach *Brachelen* und *Doveren* möglich. Wer gerne surft, segelt oder einfach nur schwimmen möchte, der ist am großen *Brachelener Baggersee* genau richtig. Orientiert euch zusätzlich an den großen Windrädern, die sich auf den Höhenrücken zwischen Brachelen und Hilfarth im Winde drehen und so Energie erzeugen. Achtet auch auf die großflächigen *Informationstafeln*, die euch immer wieder auf eurer Radwanderung begegnen. Sie enthalten viel Wissenswertes über die Landschaft, die Kultur und Natur, so zum Beispiel über *Schloss Rurich* aus dem 18. Jahrhundert bei *Hückelhoven-Baal*, das ihr auch mit der Deutschen Bahn erreichen könnt. Unsere Fahrt geht nun über einen Zweispurweg weiter bis zu einem Hain, dann folgen wir halb rechts dem Wegweiser in den Rurtalweg hinein, über den wir erneut den Fluss erreichen.

Die Rurauen – eine typische Auenlandschaft

Zur Rechten dehnen sich Wiesen und Weiden aus, die gerne als Winterrastplätze von nordischen Wasservögeln angenommen werden. Schon Ende September bietet sich hier dem interessierten Naturfreund die Gelegenheit zur Vogelbeobachtung größerer Wildgansschwärme. Aber auch Graureiher und Höckerschwäne mögen den Fluss und seine ruhigen Randgebiete, in denen die stolzen Vögel auch in harten Zeiten ihr Auskommen finden. Dass Eisvogel und Biber das Rurtal für sich entdeckt haben, spricht für die ökologische Ausgeglichenheit im natürlichen Haushalt. Im weiteren Verlauf der Radwanderung unterqueren wir eine Eisenbahnbrucke, wobei wir linksseitig dem Fluss folgen. Stattliche Silberpappeln säumen den Weg, Königskerzen und Glockenblumen zieren die Rurufer mit ihrem Blütenreichtum und Libellen huschen wie fliegende Edelsteine über das Wasser dahin. In den mäandernden Randbereichen hat sich eine vielfältige Fauna entwickelt, die ungezählten Pflanzen und Lebewesen Heimat und Lebensraum wurde. Vom Radweg aus lässt sich mit ein wenig Geduld das heimliche Treiben vieler Tiere in Ruhe und Muße beobachten. Im Verlauf der Radfahrt gelangen wir zu einer stillgelegten Kiesgrube, die mit einem weitläufigen Biotop vernetzt ist. Schautafeln weisen auf die Bedeutung dieses Lebensraumes hin, und die Möglichkeiten zur Tier- und Pflanzenbeobachtung sind in der Tat einzigartig. Über den Radwanderweg kommen wir zu einem Wehr, wo das Wasser der Rur in die Tiefe stürzt und sich mit Sauerstoff anreichert. Dort heißt es für uns zunächst links dem Hinweis *Rurtalweg* folgen *(grünes Rad auf weißem Grund)*, bevor wir an der nächsten Einmündung nach rechts auf *Hückelhoven* einbiegen. Der Weg entfernt sich vorübergehend von der Rur und nach zwei Kilometern weiterer Fahrt radeln wir halb rechts in einen Wirtschaftsweg ein, der uns in Richtung Hilfarth führt, dessen Kirche voraus wie ein Berg im Gelände steht. Hier bietet sich die Gelegenheit den Herrenhäusern *Großkünkel* und *Kleinkünkel* sowie dem Rittergut *Grittern* (13./16. Jahrhundert) einen Besuch abzustatten. Nach weiteren 150 Metern biegen wir rechts ab und gleich wieder links und schon erreichen wir das nächste Feuchtgebiet im Randbereich der Rur, der wir nun wieder in Ufernähe flussabwärts folgen. Nach 100 Metern werden wir auf einen Wegweiser aufmerksam, der uns den Weg nach *Hückelhoven* anzeigt. Hier bietet sich die Möglichkeit, über die kleine Holzbrücke auf einen Radrundweg nach *Erkelenz* zu gelangen. Wer sich für Burgen und Schlösser interessiert, der sollte dem Wegweiser über *Himmerich* nach *Randerath* zur *Burg Randerath* folgen, wo das Restaurant „Burgstuben Trattoria“ direkt neben der Burg zur Rast einlädt. Wir radeln weiter am Ufer der Rur entlang, passieren einen Gutshof, ein weiteres Wehr, wobei wir stets zur Linken das Städtchen Hilfarth im Auge haben. Zu unserer Rechten tauchen die ersten Häuser aus dem Grün der Flussaue auf und nach einem kurzen Anstieg radeln wir über einen Parkplatz bis zur Einmündung in die „Hilfarther Straße“ in **Hilfarth**. Gleich zur Linken befindet sich ein griechisches Restaurant, wo eine weitere Rast eingelegt werden kann.

Wir fahren nach rechts, queren dabei die Rur und biegen auf der anderen Seite gleich wieder links in die Straße „Rurbrücke“ ein. Diesem Weg folgen wir rund 200 Meter, bevor wir an einem weiteren Hinweisschild - *Orsbeck 10 Kilometer* - links einbiegen. Geradezu geht der Weg nun zur Rur und während unserer Weiterfahrt werden wir auf mächtige Hügel aufmerksam, die sich einen Kilometer entfernt rechter Hand erheben. Dann sehen wir die Fördertürme der *Steinkohlenzeche* von Hückelhoven und wissen, was es mit diesen „Rurbergen“ auf sich hat. Es sind Abraumhalden, die schon vor

Niederkrüchten
Brüggen
Doveren
Rur
Wildenrath
Hückelhoven
Linnich
Elmpt
Brachelen
Willich
Hilfarth
Schwalm
Ratheim
Wassenberg
Rur
D
Wurm
Unterbruch
N
Effeld
Ophoven
NL
Wurm
Rur
Swalmen
Heinsberg
Maalbroek
Vlodrop
Geilenkirchen
Roermond
Haaren
Mellick
Roer
Maas
Posterholt
D

längerer Zeit begrünt wurden und nun als Erholungsgebiet im Kreis Heinsberg eine wichtige Rolle spielen. Dazwischen glänzen noch in tiefem Schwarz Berge von Steinkohle, die Tag und Nacht aus der Erde gefördert wird. Sehenswert an Hückelhoven ist neben seinem Fachwerkortskern die *Bergmannssiedlung* mit ihren Häusern aus dem 18./19. Jahrhundert. Wer sich für den Bergbau interessiert, dem sei ein Besuch des Bergbaumuseums empfohlen. Wir durchradeln weiterhin uraltes Siedlungsgebiet, das gespickt ist mit ehemaligen Rittersitzen und stattlichen Herrenhäusern, zu denen auch *Haus Hückelhoven* und *Haus Blumenthal* (16./18. Jahrhundert) gehören. Dann passieren wir ein Pumpwehr, über das Grundwasser aus den Bergwerken direkt in die Rur geleitet und dem natürlichen Kreislauf zugeführt wird. Hinter der Pumpenstation queren wir eine kleine Holzbrücke, um gleich danach weiter dem Weg längs des Flusses zu folgen. Die Radwanderung führt nun konsequent entlang der Rur, bis wir erneut ein Stauwehr erreichen und dieses über eine kleine Brücke umfahren. Unsere Route bewegt sich nun auf Orsbeck zu. Dabei unterqueren wir die A 46 zwischen *Ratheim* und *Oberbruch* und radeln dabei durch eine weitläufige Feldflur mit Wiesen, Weiden und Äckern. An der nächsten Brücke heißt es „Obacht" geben, denn die Unterfahrung ist ziemlich niedrig, so dass ein Absteigen angebracht ist. Also die Kopfhöhe beachten. Es folgen ausgedehnte Streuobstwiesen, hinter denen sich ein Baggersee mit Bademöglichkeit erstreckt. Hier solltet ihr eine ausgiebige Rast einlegen, denn die idyllische Lage ist wirklich bezaubernd. Eine ganze Weile führt unser Radweg nun zwischen Baggersee und Rur entlang bis zu einer Holzbrücke, wo sich rechts unter Erlen und Trauerweiden ein kleiner Rastplatz mit Sitzbänken befindet. Nun queren wir die Brücke und richten uns nach dem Hinweisschild *Effeld 12 Kilometer.* Wir rollen langsam die Brücke abwärts, biegen nach 20 Metern links ein und fahren nun geradeaus weiter, wobei wir eine Überlandleitung unterfahren. An der nächsten Einmündung (gegenüber Friedhof) biegen wir rechts ab und folgen dem Hinweis *Orsbeck 4 Kilometer.* Nach Zwei Kilometern kommen wir an einem Bauernhof vorbei und gondeln gemütlich geradeaus bis zu einem Wegedreieck, wo ein Hinweisschild *Effeld 10 Kilometer* erneut die Richtung vorgibt. Bald folgt eine weitere Einmündung, wo es für uns rechts heißt (Hinweisschild *Blaue Rur in grünem Kreis).* Nach 300 Metern stoßen wir erneut an die Ufer der Rur und richten uns nach dem Radwegehinweis *Orsbeck 1 Kilometer.*

An dieser Stelle fahren wir links ein, wobei sich rechter Hand wiederum die Möglichkeit bietet, auf einen Radwander-Rundweg um Orsbeck einzufahren. Nach einer ansehnlichen Strecke längs des Flusses unterqueren wir eine kleine Brücke und folgen gleich links der Steigung bis zur Brückenauffahrt und dort gleich wieder links dem *Rur-Radwanderweg* in Richtung Effeld, wobei wir die Rur queren. Zur Rechten liegt der kleine Ort **Orsbeck** mit einer Kirche und einem Fachwerkkern, der sich anzuschauen lohnt. Gleich an der Brücke befindet sich ein Parkplatz mit einer „Imbissstube“, die täglich schon ab zehn Uhr geöffnet hat.

Auch hier hat man Gelegenheit zu einer zünftigen Rast unter hohen Bäumen direkt an der Rur. Von Orsbeck ist es jetzt nur noch ein Katzensprung bis *Wassenberg*, der Seiden- und Grenzstadt im Naturpark Maas-Schwalm-Nette. Wassenberg mit seiner schönen Burg (13. Jahrhundert), der Stadtmauer mit Wehrtürmen, dem Stadtpark und dem historischen Ortskern, ist in jedem Fall einen Abstecher wert. Ein anderer Weg führt nach **Heinsberg**, der westlichsten Kreisstadt Deutschlands, deren Ursprünge bis ins 9. Jahrhundert zurück reichen. Wie die meisten Grenzlandstädte verfügt auch Heinsberg über eine Burg (12. Jahrhundert) und Reste der Stadtbefestigung (15. Jahrhundert). Sehenswert vor allem ist die Kirche *St. Gangolf*, auch „Selfkantdom“ genannt, mit einer Krypta aus dem 13. Jahrhundert und dem Hochgrab der Herren von Heinsberg. Über die geschichtlich-kulturelle Entwicklung gibt das *Kreismuseum* im Torbogenhaus erschöpfend Auskunft.

Vom Parkplatz an der Brücke aus radeln wir zum Radweg an der Hauptstraße zurück und folgen dabei dem Hinweisschild *Effeld 8 Kilometer*. Nach 300 Metern biegen wir links ein und rollen gemächlich zwischen Wiesen und Weiden der Rur entgegen. Nach 100 Metern heißt es erneut links, um nach 200 Metern wieder rechts einzubiegen. Wir befinden uns jetzt direkt am Rurufer und radeln dem Lauf des Flusses nach, der weiterhin seinen Weg durch die Auenlandschaft nimmt. Wem der Sinn nach einer ausgiebigen Pause inmitten herrlicher Natur steht, der sollte die kommende Schutzhütte in Anspruch nehmen, die einen einladenden Rastplatz unmittelbar an der Rur anbietet. Nach der Schutzhütte wartet wiederum ein Brückchen auf uns, das wir queren, um gleich dahinter halb links dem Weg zu folgen. Dann schiebt sich ein weiteres Wehr ins Blickfeld, während sich zur Linken die Häuser von Heinsberg-Kempen und Heinsberg-Karken aus dem Grün der Felder und Wiesen schälen und sich Haus um Haus dem Ufer der Rur nähern. Kurz vor der Ortschaft *Ophoven* fließen linker Hand die Wasser der Wurm in die Rur. Von Aachen aus, in dessen Nähe sie entspringt, fand sie ihren Weg bis fast zur deutsch-holländischen Grenze, wo sie sich mit ihrer größeren Schwester, der Rur, vereinigt.

Für die Großen unter euch heißt es jetzt nochmals aufpassen, denn wir unterqueren eine weitere Brücke mit niedriger Bauhöhe. Vorsicht also mit dem Kopf, besser ist es in jedem Fall abzusteigen. Der Radwanderweg läuft weiterhin längs der Rur durch eine Niederrheinlandschaft, die wie geschaffen ist zum Fahrrad fahren. *Effeld*, das ebenfalls zu Wassenberg gehört, rückt näher und damit die deutsch-niederländische Grenze. An der nächsten Einmündung biegen wir rechts ab und radeln durch weitläufige Gemüsekulturen,

Spargelfeder und Obstplantagen nach *Steinkirchen*. Wir gondeln am Ortsrand halb links vorbei und folgen dem Hinweisschild *Vlodrop/ Holland*. An der nächsten Einmündung biegen wir in die „Schlosstraße“ ein, der wir bis zum **Schloss Effeld** (16. Jahrhundert) folgen, das zur Linken versteckt in einem Eichenwald liegt. Berühmt wurde Effeld jedoch nicht durch sein Schloss, sondern durch die Kultivierung eines Edelgemüses, das vor mehr als zweitausend Jahren nach Germanien kam, des Spargels. Ihr solltet daher auf keinen Fall den Besuch des Spargelfestes in Effeld versäumen, das stets am ersten Wochenende im Juni stattfindet. Ein wahrer Augen- und Gaumenschmaus ist der zusätzliche Schlemmer-Markt der Region Rhein-Maas, der ebenfalls in Effeld veranstaltet wird.

An der nächsten Einmündung heißt es für uns nochmals links, denn wir radeln nun über die Straße „Am Rastberg“ direkt auf die Grenze nach Vlodrop/NL zu. Am Strommast halten wir uns rechts, um nach 200 Metern erneut links einzufahren in Richtung auf den *Effelder Waldsee*. Der Effelder Waldsee mit seinem Freibad und den zahlreichen Wassersportmöglichkeiten gehört mit zu den schönsten am linken Niederrhein und ist während der Sommermonate von früh bis spät jeden Tag geöffnet. Am Waldsee vorbei führt der Weg geradezu bis zu einem Schild, auf dem wir *Vlodrop 1 Kilometer und Roermond 14 Kilometer* lesen. Wir folgen dem Radweg zunächst bis zur Hauptstraße - Radfahrerhinweise sind in Holland rot auf weiß - und biegen dann links auf den Radweg ein. Die holländischen Radwege sind in der Regel durch Längslinien zweigeteilt, so dass auch Mopeds und Fahrräder mit Hilfsmotor diese Wege benutzen können und müssen. Disziplin wird beim Fahrrad fahren in Holland ganz groß geschrieben, dennoch geht es locker zu, weil alle Teilnehmer am Straßenverkehr Rücksicht walten lassen. Denkt ihr bitte auch daran, wenn ihr in Holland unterwegs seid. Wir queren nun erneut die Rur, die in Holland Roer heißt, radeln durch *Vlodrop*, wobei wir uns an dem Wegweiser halb rechts nach *Roermond 12 Kilometer und St. Odilienberg 4 Kilometer* orientieren. Nach Erreichen des Ortsausganges bleiben wir linksseitig auf dem Radweg, dem wir bis *Paarlo* folgen.

In diesem Teil Hollands, der zu Mittel-Limburg gehört, steht die Landwirtschaft ganz oben an. Kartoffeln, Rosenkohl, Kohlrabi und Rote Beete, Äpfel und Birnen, aber auch die berühmten Tomaten werden hier über das Jahr angebaut und geerntet. Leicht gewellt erstreckt sich die fast ebene Landschaft, und der Blick geht weit hinaus über die Roer in den Naturpark Maas - Schwalm - Nette, auf dessen Hinweisschilder wir bei unserer Fahrt immer wieder stoßen. Es sind die sechseckigen Tafeln mit der Aufschrift Maas-Schwalm-Nette, die uns genau angeben, auf welchem Weg ihr euch gerade befindet und wohin ihr fahren könnt. Auf der rechten Seite entdekken wir zwischen Bäumen und Hecken ein helles Gebäude mit Zinnen, Türmchen und Erkern. Tatsächlich stehen wir vor dem Kloster *Sint Odilienberg*, einer Dominikaneransiedlung aus dem frühen 13. Jahrhundert, in der die frommen Nonnen noch heute ihrer geistlichen Beschäftigung nachgehen. In **Sint Odilienberg** findet man neben der wunderschönen romanischen Kirche *St. Odilie* aus dem 13. Jahrhundert noch eine prachtvolle Windmühle und zahlreiche Fachwerkhäuser, die dem Gesicht des kleinen Ortes einen Hauch von Weltentrücktheit verleihen, der in vielen Dörfern und Städten Hollands zu finden ist. An der Hauptkreuzung überqueren wir die Straße und sehen schon auf der anderen Seite die Kirche *Sint Odilie auf dem Berg*, woher der Ort auch seinen Namen ableitet. Gleich an der Abzweigung in die „Hoofdstraat" weist ein Schild den weiteren Weg *Roermond 4 Kilometer*, dem wir durch den Ort folgen. Rechter Hand macht ein holländisches Restaurant und Café auf sich aufmerksam, „Le Carrefour", wo Stühle und Tische zum Verweilen einladen. Von der „Hoofdstraat" führt unser Radweg nun in die „Raadhuisstraat" bis zur Kirche St. Odilie. Wir bleiben auf unserem Radwanderweg, der weiterhin durch ein *grünes Rad auf weißem Grund* gekennzeichnet ist und durch holländische Schilder *rot auf weiß* mit der Aufschrift *Roerdalweg* ergänzt wird. Außerdem radeln wir nun auch auf dem *Maas-Schwalm-Nette-Radwanderweg*, der uns mit seinen beiden Brüdern zielsicher nach Roermond geleitet. Hinter dem Ortsausgang von Sint Odilienberg befahren wir den „Leropperweg" in Richtung Lerop, einem kleinen Ort kurz vor Roermond. Schon recken die markanten Bauwerke Roermonds, der Fernsehturm und die St. Martinskirche (14. Jahrhundert) ihre Nasen weithin sichtbar in den Himmel. Wir nähern uns erneut der Roer, und in *Lerop* sehen wir die Wasser des Flusses ohne jede Eile der Stadt Roermond und damit der Maas zufließen. Das Tal des Flusses schmiegt sich in die Talaue ein und nur vereinzelt sieht man zwischen Bäumen, Wiesen und Weiden die roten Tupfer der holländischen Ziegelhäuser. Nach der Ortschaft Lerop radeln wir das letzte Stück bis Roermond über eine wenig befahrene Landstraße, die uns auf direktem Weg bis zur Hauptstraße, der „Maastrichtstraat" führt, in die wir rechts einbiegen und auf dem Radweg bis Roermond-Centrum radeln. Zur Rechten kommt nach einem Kilometer eine *Shell-Tankstelle* in Sicht, wo sich eine Schautafel mit Stadtplan befindet.

Roermond, die Stadt am Zusammenfluss von Roer und Maas, ist erreicht. Gleich hinter der Tankstelle fließt die Roer zur Maas, die wir über eine Brücke queren. Linker Hand kann man über einen Radweg dem Lauf der Roer bis zur Mündung in die Maas am Sporthafen folgen. Oder ihr bleibt auf der Hauptstraße und radelt über den Radweg dem Hinweisschild *Centrum* nach, durchfahrt den Kreisverkehr und radelt geradezu auf direktem Weg in die Altstadt von Roermond. *Fischmarkt*, *Raadhuis*, *de Martinuskerk* und das *Glockenspiel mit Figurentheater* sind alle Mal einen Aufenthalt wert. Nicht weniger interessant, dafür aber weniger bekannt, ist das linke Roerufer in Roermond. Hier befindet sich das so genannte „Fluss-Schifferviertel“, wo sich die Schiffer (Partikulierer) zur Ruhe setzten. Die Häuser sind teilweise bis an die Roer gebaut, und in den engen Gassen weht noch immer ein Hauch von Teer, Salz und Fisch. Dass die Roer in Roermond zwei Mündungsarme hat, soll uns nicht weiter stören, denn die richtige Mündung liegt in Höhe von St. Martinus zwischen Sporthafen mit Marina und der Altstadt von Roermond. Die zwei Mündungen entstanden durch das Bestreben der Roer, sich die bequemsten Wege in die Maas zu suchen. Die Zweiteilung des Flusses förderte die Entwicklung von Mühlen, die allerdings heute keine Rolle mehr spielen. Dafür hat der Fisch in Roermond Tradition. Auf dem „Marktplatz“ erlebt man täglich ab zehn Uhr ein großes Spektakel, denn dann sind die Fischverkäufer von der See und den heimischen Gewässern mit dem frischen Fang in der Stadt, ein Schauspiel, das ihr euch nicht entgehen lassen solltet. Aber bitte - nicht nur zuschauen, die Fischverkäufer wären sonst mit Recht verstimmt. Von jedem Stand wird euch alles rund um Fisch und Meeresfrüchte zum Verkosten angeboten, eine Einladung, die ihr auf keinen Fall ablehnen solltet. Wessen Herz mehr an Tee oder einem frisch gebrühten Mokka hängt, dem kann in Roermond umgehend geholfen werden. Rund um den Marktplatz reihen sich die „Koffieschops“ und Kleingaststätten aneinander, die Bistros und „Poffertjeskamers“. Als Abschluss dieser Rur-Radwandertour sei noch eine Schifffahrt auf der Maas empfohlen, die im Roermonder Hafen beginnt und vielleicht in *Venlo* oder *Nijmegen* endet. Besucht doch an einem Vormittag die Nachbarstadt Venlo, von wo aus sich die Heimreise mit der Bahn anbietet. Natürlich können wir auch von Roermond nach Hause fahren, denn das Schienennetz am Niederrhein ist umfangreich. Vom Fischmarkt in Roermond weisen Schilder den Weg zum **Bahnhof**, der mit dem Fahrrad in wenigen Minuten erreicht ist. Wem die Strecke von Linnich bis Roermond zu lang ist, dem bietet sich die Möglichkeit von Hückelhoven-Baal, Geilenkirchen, Erkelenz oder Wegberg aus die Tour zu beginnen. Auch dort bieten Bahnhöfe der Deutschen Bahn AG ihre Dienste an.

5 Rund um Wegberg

Im Tal der Mühlen

Start/Ziel: Wegberg - an der Burg
Länge: 20 km
Verlauf: überwiegend befestigte Radwege durch kleinere Ortschaften, Wald, Feld und Flur, gelegentlich sandig-humose Abschnitte im Bereich der Wassermühlen, ebenerdige Radwanderung
Rückfahrt: von Wegberg mit dem Zug zurück in Richtung Mönchengladbach oder Düsseldorf;
nächste Bahnhöfe: Mönchengladbach, Neuss, Düsseldorf;
Busbahnhof Wegberg;
Autobahnanschlüsse: A 52 bis Niederkrüchten, dann L 128 bis Wegberg, B 57 von Mönchengladbach nach Wegberg
Entdecken: Auenlandschaft der Schwalm, Altstadt von Wegberg mit Burg, Karmeliterkloster, Pfarrkirche, Stadtpark, Schloss Tüschenbroich , Mühlen und prähistorische Fluchtburgen
Karte: 1 : 50 000 Radwanderkarte Niederrhein Süd - Maas - Schwalm - Nette, Regio Cart RV Verlag Nr. 11693
Einkehr: Restaurants und Ausflugslokale am Wegesrand
Unterkunft: Jugendgästehaus St. Georg, Mühltalweg, 41844 Wegberg, Telefon 0 24 34/98 12 31, Fax 98 12 37, zahlreiche Pensionen und Privatquartiere im Streckenverlauf und in der Umgebung

Diese Radwanderung um Wegberg ist geprägt von der Vielzahl der Mühlen, die sich an und im Einzugsgebiet der Schwalm im Laufe der Jahrhunderte angesiedelt haben. Überwiegend Kornmüller, aber auch Öl- und Schrotmüller verdienten ihren Lebensunterhalt durch die Kraft des Schwalmwassers. Die industrielle Revolution brachte für die meisten Mühlenbetreiber das Aus. Nur vereinzelt sind noch Mühlwerke vorhanden, noch seltener in Betrieb. Wo dies allerdings der Fall ist, sind Besucher und Gäste fasziniert von der mächtigen Technik eines Räder- und Mahlwerkes, das scheinbar ohne Anfechtungen die Jahrhunderte überdauerte und selbst im Zeitalter von Microchip und Megabyte unverdrossen seine Arbeit tut.

Kornmühlen unterscheiden sich von Ölmühlen durch den Satz der Mahlsteine. Bei einer Kornmühle läuft ein Kopfstein auf einem Bodenstein, beide Steine „liegen" aufeinander, wobei das Mahlgut über eine Öffnung im oberen Stein eingefüllt wird. Anders die Ölmühle. Hier laufen zwei Steine nebeneinander, wie die Räder an einer - sagen wir Autoachse - und drehen sich fortwährend im Kreis, wobei sie in einem steinernen Trog rundlaufen. Das Mahlgut wird ebenfalls von oben eingegeben, wobei der ölhaltige Saft zu den Seiten herausgepresst wird. Aber nicht nur als Korn- und Ölmühlen wurden die Mahlwerke eingesetzt, einige verstanden sich auch auf das Mahlen von Lohe (gerbstoffhaltige Eichenrinde) und das Zermahlen von Knochen zur späteren Herstellung von Leim oder Seife.

Natürlich bietet das Schwalmtal um Wegberg nicht nur Mühlen, sondern auch noch Schlösser und Burgen, so Burg Wegberg und Schloss Tüschenbroich oder interessante Museen, so das Flachsmuseum in Wegberg-Beeck, wo wir das „Flachsdiplom“ erwerben können.

Flachsmuseum Beeck (Holtumer Straße 13, 41844 Wegberg-Beeck,
Telefon 0 24 34/92 76 14)

Geöffnet:	sonntags	11.00 - 12.00 Uhr
	und	14.30 - 17.00 Uhr
Eintritt:	frei	
Auskünfte:	Rathaus Wegberg, Rathausplatz, Wegberg, Telefon 0 24 34/8 30, Fax 8 38 88	
Führung:	Schrofmühle in Rickelrath bei Wegberg, Mahlwerk wird auf Anfrage vorgeführt, Telefon 0 24 31/26 42	

Unsere Radwanderung beginnt am Fuße der **Burg Wegberg** direkt vor dem Rathaus. Vom „Rathausplatz“ radeln wir leicht abwärts direkt in den Stadtpark hinein. Hier stoßen wir auf den Radwanderweg *WE-Tüschenbroicher Mühle-Watern,* dem wir durch den Park folgen. Wir gelangen an die Einmündung zur „Fußbachstraße“, in die wir rechts einbiegen. Im späteren Verlauf nennt sie sich „Klinkumer Straße“. Dort befindet sich zur Linken das Fahrradgeschäft Janssen. Der Weg verläuft nun halb links in die Straße „In Bissen“ (teilweise auch Niederrheinroute) durch eine blühende Feldflur, bis wir an die Abzweigung „Zur Bischofsmühle“ kommen. Dort radeln wir links ein und haben schon den Ort *Watern* erreicht. An der nächsten Einmündung (gegenüber dem Wartehäuschen) fahren wir rechts ein und rollen zunächst geradeaus weiter. Linker Hand taucht aus einer Talmulde der mächtige Bau der *Bockenmühle* auf, die einst als Öl- und Mahlmühle im Einsatz war. Als Wasserspeicher diente ein vorgelagerter Weiher, der noch heute Enten und Gänse erfreut. Das unterschlächtige Wasserrad ist gut erhalten und die dikken Mühlsteine geben uns einen Eindruck davon, welche Kräfte das Wasser entwickeln kann, um diese Brocken zu drehen.

Unsere Fahrt verläuft weiterhin in Richtung Tüschenbroich, und über den „Mühltalweg“ rollen wir mühelos bis zu einer neuerlichen

Einmündung, wo wir links in den Radweg einfahren und gleich rechts der Mühlen und des Schlosses ansichtig werden.

Schloss Tüschenbroich inmitten eines Sees liegt auf einer ehemaligen Motte (künstlich aufgehäufter großer Erdhügel, der meistens als Flieh- oder Fluchtburg im Angriffsfall für die Bewohner der umliegenden Häuser oder Hütten angelegt war) und stammt vermutlich aus dem 12. Jahrhundert. Rund um das Schloss liegen etliche Teiche und Weiher verstreut, an denen man ausgezeichnet rasten und ruhen kann. Die zwei Tüschenbroicher Mühlen teilten sich die Mahlarbeit als Öl- und Kornmühle. Während das Mahlwerk der heutigen Restaurantmühle (Ölmühle) durch ein oberschlächtiges Wasserrad betrieben wurde, besitzt die hinter dem Schloss liegende Kornmühle ein unterschlächtiges Wasserrad. Beide Mühlen legen Zeugnis ab von der Intensität der Mühlenwirtschaft am Lauf der Schwalm. In jedem Fall sollte man das Restaurant auch einmal von innen betreten und sich das mächtige Mahlwerk anschauen.

Wir bleiben anschließend auf dem Rundweg mit Zeichen *EK (Erkelenz)*, halten uns an der prachtvollen Maronenallee halb links (**nicht** in die Gerderhahner Straße einfahren!) und radeln direkt hinein nach *Tüschenbroich*. Durch den Ort fahren wir bis zur Hauptstraße und biegen dort rechts ab, bis wir auf die „Gerderhahner Straße" treffen. Jetzt halten wir uns links und folgen dem Radweg (*Niederrheinroute - grünes Schild*) durch Felder und Wiesen bis nach *Gerderhahn* und orientieren uns dort an dem Hinweisschild *Schwanenberg 3 Kilometer*. Über die Straße „In Gerderhahn" radeln wir durch den Weiler *Genfeld* zur nächsten Ortschaft *Genholt*. Dann haben wir **Schwanenberg** erreicht. Rechter Hand gegenüber dem „Schwanenberger Marktplatz" hält der „Biergarten" ein kühles Getränk und schattige Plätzchen bereit. Unsere nächste Station ist *Gambusch*, das wir leichten Radlaufes durchfahren. Wir halten uns an der Abzweigung weiter geradeaus und biegen **nicht** rechts ab. Zur Linken radeln wir an der Gaststätte „Zur Eiche" vorbei und nehmen Kurs auf Kehrbusch. An der Stop-Straße halten wir uns links in Richtung Wegberg-Uevekoven und nutzen den idyllischen Radweg, bis wir in *Uevekoven* angekommen sind. Ein kleines Stück radeln wir auf der „Erkelenzer Straße", um nach 20 Metern die Straße zu queren und andernseits rechts in die „Barbarastraße" einzubiegen. Diese ruhige Straße schlängelt sich durch den alten Ortskern und trifft später wieder auf die „Erkelenzer Straße", auf der wir rund 20 Meter bis zur Abzweigung „Am Wasserwerk" fahren. Dort halten wir uns links und sehen die bekannten Radwegeschilder *RW WE - Niederrheinroute*, die uns zunächst bis zum *Wasserwerk* geleiten. Hier haben wir Gelegenheit zu einer ausgiebigen Erfrischung unter mächtigen Buchen und Linden. Aus einem großen Brunnen sprudelt unentwegt klares, kühles Wasser, und das tut unseren Gesichtern, Händen und Füßen so richtig gut.

Auf unserer weiteren Radwanderung queren wir erneut eine Straße, fahren auf der anderen Seite weiter bis zu einer Einmündung, wo wir uns links halten (**nicht** dem Wegesymbol *WE* nach rechts folgen) in Richtung Sportplatz-Stadion. An der nächsten Gabelung bieten sich zwei Möglichkeiten: Die eine verläuft rechtsseitig dem *WA 4* nach und führt durch das Siedlungsgebiet und den Ort *Ophoven*, in dem wir nun angekommen sind. Die andere leitet uns zunächst bis zum Sportplatz und biegt dann ab in einen idyllischen Wald mit herrlichem See. Wir nehmen die zweite Möglichkeit. Gleich am Wegesrand erhebt sich die *Motte Ophoven* und nach 400 Metern zwischen Wald, Seen und Sportplatz ist die **Ophover Mühle** erreicht. Kaum eine andere Mühle im Schwalmtal ist so romantisch in die Landschaft eingepasst wie diese. Ein mächtiges Mühlrad kündet von längst vergangenen Zeiten, und unter schattigen Bäumen lässt es sich so richtig gut gehen.

Wasserrad der Ophover Mühle

Hinter der Mühle biegen wir auf den *WA 4* ein in Richtung Innenstadt Burg Wegberg, radeln ein gutes Stück längs des alten Mühlenbaches durch dichten Wald, passieren dabei die Schule und kommen an eine Einmündung, wo wir links auf den „Echter Weg“ einfahren. Dieser Straße folgen wir bis zur „Masseiker Straße“, halten uns dort rechts bis zur „Hauptstraße“, wo wir erneut rechts abbiegen in die Fußgängerzone. Wir gondeln bis zum „Kinderbrunnen“, wo Cafés, Eisdielen und Restaurants auf hungrige und durstige Gäste warten. Über die „Hauptstraße“ erreichen wir jetzt die „Karmelitergasse“, die uns ziel-

Holtum
Erkelenz
Beeck
Ophovener Mühle + Motte
Beekenheide
Uevekoven
Grambusch
Bischofs-mühle
Bocken-mühle
Wegberg
Watern
Erkelenz-Geeiken
Schloß + Mühle
Hoven
Klinkum
Genfeld
Golkrath
Genhof
N
Tüschenbroich
Bischofs-hütte
Erkelenz-Gerderhahn

gerade direkt zur **Burg Wegberg** führt. Abschließend besichtigen wir noch die Burg, bevor wir nach weiteren 300 Metern rechter Hand über den „Rathausplatz“ zum **Bahnhof** gelangen.

Die Wegberger Mühlentour ist genau richtig als Einstieg in die große Mühlentour (60 km), die uns über *Niederkrüchten* bis nach *Brüggen* führt. Als Zwei-Tages-Tour ideal, um der Müllerei an und um der Schwalm herum auf den Grund zu gehen.

6 Zwischen Waldfeucht, Roermond und Brüggen

Motten, Burgen und stille Moore

Start: Waldfeucht
Ziel: Brüggen/Niederrhein
Länge: 60 km (Waldfeucht-Roermond 35 km, Roermond-Brüggen 25 km)
Verlauf: überwiegend befestigte Radwege durch Ortschaften, Wald, Feld, Flur, Heide und Moore, dazwischen Feldwege, kiesig-sandig, nur noch eine geringfügige Steigung in Richtung Niederkrüchten-Elmpt, ansonsten ebenerdig
Rückfahrt: von Roermond/NL mit dem Zug nach Mönchengladbach, bzw. von Brüggen mit dem Bus nach Nettetal, Schwalmtal, Viersen, Tönisvorst, St. Tönis, Niederkrüchten;
nächste Bahnhöfe: Mönchengladbach, Viersen, Kaldenkirchen, Boisheim
Entdecken: Aulandschaften des Maastales mit Hafen bei Roermond/NL, Wind- und Wassermühlen, mittelalterliche Städtchen, Fliehburg Motte Bolleberg, Burg Brüggen, Schloss Dilborn, Naturschutzgebiet Elmpter Wald
Karte: 1 : 50 000 Radwanderkarte Niederrhein Süd, Regio Cart RV Verlag Nr. 11 693
Einkehr: viele Imbisse, Cafés, Restaurants entlang der Strecke
Unterkunft: Jugendherberge Brüggen, Auf dem Eggenberg, Telefon 0 21 63/51 61, Fax 5 99 67;
zahlreiche Ferienwohnungen, Hotels und Pensionen während der Radwanderung, besonders in und um Roermond

Im Verlauf der Radwanderfahrt von Waldfeucht über Roermond/NL nach Brüggen am Niederrhein zeigt sich uns die landschaftliche Schönheit der Rhein-Maasregion in ihrer ganzen Vielfalt. Weitläufige Feldfluren, Wiesen und Weiden wechseln mit kraftstrotzenden Nadel- und Laubwäldern, an die sich übergangslos stille Heideflächen und Moore, idyllische Seen und Teiche anschließen. Überall machen uns plätschernde Wasserläufe darauf aufmerksam, dass wir uns im Land der Wassermühlen zwischen Maas und Rhein, der niederrheinischen Tiefebene bewegen. Vereinzelt finden sich bäuerliche Anwesen im dichten Grün, und nur die Spitzen der Kirchtürme zeigen uns an, dass die nächste Stadt, der nächste Ort bald erreicht ist. Malerische Dörfer mit verspielten Gassen und verträumten Marktplätzen, stolze Burgen, uralte Bäume an endlosen Alleen und der Geruch von Salz, Fisch und Teer im Hafen Roermonds. Eine Fahrt mit dem Schiff auf der Maas oder einem der zahlreichen Niederrheinseen, ein Picknick inmitten duftender Erikenheide und der Besuch der Fischräucherei Mühlrather Mühle machen diese Radwanderung trotz ihrer Länge zu einem Augen- und Sinnenschmaus, den man sich nicht entgehen lassen sollte. Wer nach dieser Radwandertour schmausen möchte wie die alten Rittersleut, der ist auf Burg Brüggen genau richtig.

Auskünfte: Rathaus Waldfeucht, Telefon 0 24 55/39 90, Fax 3 99 77;
Rathaus Wassenberg,
Telefon 0 24 32/4 90 00, Fax 49 00 90;
Verkehrsamt der Gemeinde Brüggen,
Telefon 0 21 63/57 01 64, Fax 57 01 65;
Internet: www.brueggen.de

Auskünfte: Informationszentrum Naturpark Schwalm-Nette,
Verkehrsamt Brüggen,
Telefon/Fax 0 21 63/57 01 65, ab Ostern geöffnet

Jagd- und Naturkundemuseum Brüggen (Burg Brüggen, Burgwall 2, Telefon 0 21 63/7 52 70)

Geöffnet: dienstags bis freitags 10.00 - 12.00 Uhr
14.00 - 17.00 Uhr
samstags, sonntags, und feiertags 10.00 - 17.00 Uhr
montags geschlossen

Tierpark Brüggen-Bracht (Brachter Straße 98 (B 221), Telefon 0 21 63/54 47, Fax 5 88 36)

Geöffnet: von Ostern bis Ende Oktober
täglich 9.00 - 17.00 Uhr
in den Sommerferien jeden Dienstag und Donnerstag zusätzlich ein Kinderfest von 13.00 - 16.00 Uhr

Eintritt: Erwachsene DM 9,00
Kinder DM 7,00

Wir starten erneut am „Marktplatz/Ecke Brabanter Straße“ in **Waldfeucht** und biegen kurz hinter der Kirche in die „Lambertusstraße“ rechts ein (Radwegesymbol *2LR/RW9*-Richtung Haaren). Vorbei am Sportplatz, einem Wäldchen mit Freizeitpark und dem Gasthaus „Am Bolleberg“ halten wir uns am Ortsrand von *Brüggelchen* links und folgen dem *2LR/RW9* in Richtung Motte Bolleberg (Hinweisschild). Nach 100 Metern heißt es rechts, und schon kommt voraus der baumbestandene Hügel, die **Motte Bolleberg** mit Skulpturenpark in Sicht. Die Flieh- und Schutzanlage stammt aus dem 10. Jahrhundert und lohnt eine Besichtigung. Über die „Bollebergstraße“

radeln wir durch Flur und Wald bis zur Einmündung in die „Hauptstraße“, fahren dort links ein, um nach 30 Metern rechts in den „Schiersweg“ einzurollen. Geradezu verläuft nun der Weg durch Wiesen, Weiden und Felder, vorbei an einem Spielplatz mit Wildgehege bis zu einer weiteren Einmündung. Dort halten wir uns links in Richtung Haaren und radeln nun über den „Schabroicher Weg“. An der nächsten Einmündung heißt es rechts und schon befinden wir uns auf der „Haarener Straße“.

Nach 300 Metern biegen wir links ein in den „Zollweg“, über den wir leicht hügelan bis zum „Nachtigallenweg“ radeln, wo wir rechts einbiegen und gemütlich in Richtung Wald gondeln. Am „Erksweg“ halten wir uns rechts, um nach 100 Metern links in den „Waldweg“ einzufahren, den wir rund 300 Meter entlangrollen. Wir radeln jetzt nach rechts und benutzen nur 15 Meter den „Birkenweg“, um gleich wieder links in den “Waldweg“ einzubiegen. Nach weiteren 400 Metern heißt es rechts ein in den „Heideweg“ (Radwegesymbol *2LR/RW 9)*, über den wir zum „Alter-Klauser-Kirchweg“ gelangen, wo wir uns nach links orientieren. Nach einer kurzen Fahrstrecke passieren wir rechter Hand das Hallen- und Freibad mit Sportplatz in *Haaren-Driesch* und radeln in eine Anliegerstraße hinein. Geradezu weiter verläuft der Radwanderweg zwischen Spargelfeldern, bis wir an eine Abzweigung gelangen, der wir rechts folgen (Radwegesymbol *2LR/RW9* und *Blauer Pfeil* für Niederrheinroute). Jetzt rollen die Räder leicht talwärts auf ein ausgedehntes Weideland zu. An der nächsten Einmündung fahren wir links ein und folgen dem Weg bis zur „Bergstraße/Ecke Kluser Weg“. Dort radeln wir geradeaus weiter in den „Kluser Weg“ hinein und orientieren uns an der großen *Informationstafel* zur Linken. Wir durchfahren den Ort und erreichen am Ortsende ein wunderschönes Fachwerkhaus mit Kapelle und einem mächtigen Maronenbaum. An der folgenden Wegekreuzung rollen wir geradezu weiter in Richtung Posterholt/NL. Der Radweg ist auf diesem Stück sandig-erdig, also die Fahrweise entsprechend anpassen. Nach rund vier Kilometern erreichen wir den Waldrand und folgen nun dem Weg nach links, direkt hinein nach **Posterholt/NL**. Der Radweg schlängelt sich bis zum „Voorsterstraatweg“, über den wir zwischen den ersten Häuschen in den Ort gelangen. Durch Feld und Flur führt der Weg bis zu einem Wegekreuz, wo wir rechts einbiegen in den Radweg - Vorsicht!! Sperrpfosten beachten! Wir radeln nun auf dem „Bollebergweg“ duch Wiesen und Weiden bis zur Einmündung in den „Heinsbergerweg“, dem wir links nach Posterholt-Mitte folgen. Dann ist der Kreisverkehr erreicht, den wir durchfahren, um auf der anderen Seite in die „Hoofdstraat“ in Richtung Roermond einzubiegen. Am „Marktplein“ mit dem „Café Postert“ radeln wir vorbei bis zum nächsten Kreisverkehr, wo wir uns halb links halten und in die „Burgermeester Geradtsstraat“ einbiegen (Radwegesymbol *2LR*). Durch Feld und Flur verläuft nun der Radweg, der sich später „Josephstraat“ nennt, über die wir weiterhin geradezu in Richtung

Roermond fahren. Die Ortschaft *Reutje* wird durchfahren und über die Landstraße geht die Radwanderung bis zur Einmündung auf die Reichsstraße, in die wir links auf den Radweg einbiegen. Längs der Landstraße „Waarderweg“ führt der Radweg bis zur Ortschaft *Montfort*, wobei wir uns rechts an einem großen Heizkraftwerk orientieren. Unsere Fahrtroute geht bis zu einem Kreisverkehr, in dem wir die zweite Ausfahrt „Stationsweg“ rechts nach Roermond nehmen. Auf dem Radwanderweg radeln wir durch Montfort, passieren ausgedehnte Spargelfelder und ein Gewerbegebiet, bis wir zu einer Bahnlinie kommen, die wir überqueren. Wir fahren bis zur Ampel und biegen rechts auf den Radweg an der N 271 nach Roermond ein.

Achtet auf die geänderten Radwegesymbole - *rote Schrift auf weißem Grund*! Wir folgen nun über den Radwanderweg dem Verlauf der N 271 bis Roermond, wobei wir einige weitere Straßen queren. Durch eine fantastische Allee gelangen wir fast bis an den Ortsrand von Roermond, dessen Wahrzeichen, der Fernsehturm, schon von weitem auf sich aufmerksam macht. Über den „Maastrichterweg“ rollen wir in gemütlichem Tempo in die Stadt **Roermond**, die den Gast mit einladenden Parks und Teichanlagen begrüßt, die sich rechts und links der Straße erstrecken. Dann ist die Roer oder Rur erreicht, die wir über eine Brücke queren. Gleich dahinter befindet sich eine Shell-Tankstelle mit einer Infotafel und einem Stadtplan von Roermond. Wer seine Radschläuche mit Autoventilen ausgerüstet hat, dem bietet sich hier die Gelegenheit, den Reifendruck aufzufrischen und sich ein wenig zu erfrischen. Ein neues Radwegesymbol taucht auf, das *Sechseck der Maas-Schwalm-Nette-Route ANWB-ADAC.* Diesem Symbol folgen wir über die „Kapellerpoort“ zunächst bis zur Ampel, um dann im weiteren Verlauf die große Kreuzung anzusteuern, wo sich zwei Möglichkeiten anbieten:

Die Erste empfiehlt sich unbedingt für all jene, die sich Roermond, den Hafen und die Maasauen ansehen möchten, was zu empfehlen ist. Dazu fährt man einfach geradeaus in Richtung *St. Martinuskirche*, die man gar nicht übersehen kann. So gelangt man direkt ins Zentrum zum Marktplatz mit Rathaus, und von dort sind es nur drei Minuten bis zum Hafen und zur Maas. Der andere Weg führt rechter Hand am Denkmal vorbei und folgt dem Radwegesymbol bis zum „Willem II Singel“. An der Ampel halten wir uns links und biegen in die „Willem II Singel“ ein, die uns geradewegs zur Station, zum Bahnhof führt. Nach 500 Metern ist der **Bahnhof** mit dem „Grand Café“ erreicht. Hier fahren auch die Züge nach Mönchengladbach/Viersen/Düsseldorf/Krefeld/Deutschland ab. Außerdem kann man hier auch Fahrräder mieten und in beliebigen anderen Orten, wo ebenfalls Züge halten, wieder abgeben. Vom Bahnhof aus besteht außerdem die Möglichkeit, direkt in die Altstadt von

Maalbroek
Herkenbosch
Vlodrop
Thuserhof
Spijk
Roer
Voorst
Haaren
Braunsrath
Posterholt
Voorsterveld
D
Maasniel
Obspringen
NL
Melick
Roermond
Sint Odilienberg
Freizeit-gelände
Reutje
Altstadt
Roer
Brüggelchen
Motte
Waldfeucht
Maas
N
Herten
Montfort
Diergaarde
Maas
Linne

Roermond zu gelangen. Man quert nur den „Willem II Singel“ und radelt auf der anderen Seite geradewegs in Richtung Kirche, deren Türme nur wenige hundert Meter vom Bahnhof entfernt groß und beeindruckend über die Dächer der Stadt ragen.

Um Roermond in Richtung *Niederkrüchten* und damit *Deutschland* zu verlassen, fahren wir vom Bahnhof aus nach links ein Stück über den „Willem II Singel“ zurück und biegen an der ersten Ampel nochmals links ein und folgen dem Wegweiser *Ziekenhuis - Roermond-Oost.* Dabei unterqueren wir die Eisenbahnbrücke und radeln über den „Oranjelaan“ leicht hügelwärts in Richtung Ziekenhuis, das nach rund einem Kilometer erreicht ist. Wir passieren das Hospital und verlassen Roermond-Mitte über den „Oranjelaan“, eine lange Allee, die an Parkanlagen und Teichen vorbeiführt, bis wir nach rund vier Kilometern an die Einmündung zur N 271 kommen, die uns bereits bekannt ist. Vorsicht ist hier bei der Überquerung angebracht, denn die N 271 ist stark befahren! Auf der anderen Seite folgen wir dem Radwegesymbol *Roermond-Oost* und durchqueren den Ort *Spick.*

Wir befinden uns jetzt auf der *Route Spick-Asenray*, der wir durch den Ort *Asenray* bis zur Einmündung auf den „Elmpterweg“ nachfahren. Dort halten wir uns rechts und radeln über den Radweg in Richtung deutsche Grenze. Der Radwanderweg verläuft unter einer prachtvollen Allee, die herrlich Schatten spendet und das Radfahren zu einem Vergnügen macht. Nach drei Kilometern ist die deutsche Grenze bei der Esso-Tankstelle erreicht. Hotels, Gaststätten, Imbissstuben und Trinkhallen bieten alles, was ein hungriges und durstiges Radfahrerherz begehrt. Auch an Sonn- und Feiertagen ist hier rund um die Uhr geöffnet. Wer sein holländisches Geld umtauschen will, kann das hier in den Wechselstuben tun. Die N 271 endet an der Grenze und die deutsche B 230 nimmt ihren Anfang. Rechter Hand steht das „Landhotel Tulip“, an dem wir vorbeiradeln und in den ersten asphaltierten Radweg zur Rechten noch vor der Leitplanke einbiegen! Dieser Weg führt uns durch das Naturschutzgebiet **Elmpter Wald**, wo uns neben viel Mischwald auch Heide, Moore und Sümpfe erwarten. Wald, Weiden, Wiese, Heide, Sumpf und Moor wechseln sich beständig ab und zwischen den schattigen Erlenbeständen ruhen die Herden der Moorschnucken. Vorbei am Gedenkstein radeln wir nun durch ausgedehnte Feuchtgebiete, bis wir zum *Landschaftsschutzschild* kommen, das an einer Wegegabelung weithin sichtbar steht. An dieser Gabelung biegen wir links ab und rollen leicht bergan in den Wald hinein. Der Weg ist jetzt sandig und verlangt kraftvolles Treten. Bald gelangen wir an einen Schutzzaun, wo es nur rechts und links geht. Wir nehmen die linke Abzweigung und erreichen nach knapp zwei Kilometern erneut die B 230, die wir vorsichtig queren, um gleich auf der anderen Seite rechts dem Radweg zu folgen, der uns nach Niederkrüchten-Elmpt führt. Eine leichte Steigung ist zu überwinden, dann kommt die Zollabfertigung in Sicht, die aber nur noch für LKWs von Bedeutung ist. Gleich dahinter befindet sich auf der rechten Seite ein indisches Restaurant mit dem Namen „Bombay“, wo sich erschöpfte Radler stärken können. Endlich erreichen wir *Elmpt*, einen Ortsteil von Niederkrüchten. An der Aral-Tankstelle biegen wir links ein und nach 20 Metern rechts in die „Alte Zollstraße“, der wir zunächst folgen und die sich später „Alter Kirchweg“ nennt. Im weiteren Verlauf gelangen wir zur „Schulstraße“, wo uns das Radwegesymbol *Niederrheinroute Blauer Pfeil mit roter Spitze* durch Elmpt geleitet. Wir durchfahren einen Kreisverkehr und radeln auf der anderen Seite in die „Goethestraße“ ein, der wir bis zur „Freiheitsstraße“ folgen. Dort halten wir uns rechts und kommen zur „Poststraße“, in die wir links einbiegen, um gleich darauf rechts in die „Laurentiusstraße“ einzufahren. Vorbei an der Kirche geht es bis zur „Hauptstraße“. Dort halten wir uns links und rollen durch den Ort bis zur Esso-Tankstelle, wo wir rechts auf die „Mönchengladbacher Straße“ einbiegen. Das Radwegesymbol ist weiterhin auch das *Sechseck* der *Maas-Schwalm-Nette-Route*, das uns bis zum Ortsausgang begleitet. Rechter Hand befindet sich ein Parkplatz mit dem „Grillcenter“, wo sich die Möglichkeit zu einer Rast anbietet. Von dort queren wir die Straße und folgen auf der anderen Straßenseite gleich rechts dem Radweg in Richtung Niederkrüchten.

Unser Mittagessen in der Fischräucherei

Nach einer letztmaligen Steigung nähern wir uns der B 221. Wir überqueren die Bundesstraße und radeln geradezu über die „Hochstraße“ nach *Niederkrüchten* hinein. Dort biegen wir nach 200 Metern rechts ab in die „Mittelstraße“, um nach weiteren 200 Metern links in die „Stadionstraße“ einzufahren, der wir bis zur Straße „Am Kamp“ folgen. Zur Linken befindet sich ein großer Parkplatz, an dem wir links einbiegen und dem *2LR/RW9* nachfahren, der uns hier in Niederkrüchten wieder aufnimmt. Erneut gelangen wir zur Hauptstraße, queren diese und radeln gleich gegenüber in den „Brempter Weg“ ein, der uns in Richtung Hariksee führt (Hinweisschilder *Hariksee* beachten). Dann halten wir uns nochmals links, durchfahren die „Brahmsstraße“ bis zur „Mittelstraße“ und folgen dieser nach rechts talwärts bis zu einem Regenwasserrückhaltebecken, an dem wir gleich rechts einradeln in den Radweg mit Symbol *2LR/RW9*. An der nächsten Einmündung folgen wir links dem „Kapellenweg" bis zur Einfahrt in die „Harikseestraße", die uns auf direktem Weg über den Parkplatz vor dem See zum „Inselschlößchen", einem idyllisch-verwunschenen Restaurant führt. Von hier ist eine Bootsfahrt rund um den Hariksee möglich. Der Bootsverleih ist gleich nebenan. Wir folgen dem Rundwanderweg um den Hariksee und kommen zur *Wasserrutschbahn*, die für Groß und Klein eine Riesengaudi ist. Durch dichten Wald radeln wir immer am Seeufer entlang und genießen von den Hügeln die wunderschöne Aussicht auf den See. Bald schon ist die **Mühlrather Mühle** erreicht, ein Schmuckstück aus dem 15. Jahrhundert, deren Mühlräder sich tagein-tagaus drehen. Auch hier bietet ein Bootsverleih schwimmende Untersätze an und eine Paddeltour über den Hariksee ist ein wirklich einmaliges Vergnügen. Wer keine Lust zu paddeln hat, der setzt sich einfach in das Motorboot Patschel und lässt sich über den See chauffieren. Sehenswert ist in jedem Fall die *Fischräucherei*, wo einem der Fischmeister jeden Handgriff haarklein erklärt. An der Mühlrather Mühle queren wir die Straße und befinden uns schon am Restaurant „Mühlrather Hof", das sich genau gegenüber der Mühlrather Mühle befindet. Wir radeln über den Radwanderweg *2LR/RW9*, der sich jetzt durch Wald, Wiesen und Weiden schlängelt, zwischen Mühlrather Hof und Minigolfplatz in Richtung Brüggen, bis wir rechter Hand den grünen Kirchturm von *Brüggen-Born* erblicken. An der Brücke, wo wir die Schwalm queren, folgen wir dem Wegweiser nach links auf Burg Brüggen, und der Radweg verläuft nun längs des idyllisch fließenden Flüsschens. Dann ist die „Borner Mühle" erreicht, wo sich die Radwanderer im Restaurant und Biergarten so recht erholen können. Der Radwanderweg ist nun sandig-humos, teilweise erdig und stößt erst an der Straße „In der Haag" wieder auf Asphalt. Über diese Straße radeln wir bis **Brüggen** und erblicken nach 400 Metern bereits das Wahrzeichen der Stadt, die mächtige Burg aus dem 13. Jahrhundert. An der Burg biegen wir nach links ein und radeln an der Brüggener Mühle vorbei direkt in den Eingangsbereich der Burg und den historischen Stadtkern. Gönnt euch unbedingt einen Stadtbummel und genießt die Verträumtheit des Ortes.

7 Rund um Brüggen

Waldseen, Schlösser und Heide

Start/Ziel: Brüggen/Niederrhein
Länge: 51 km
Verlauf: teilweise befestigte Radwege durch Ortschaften, Wald, Feld, Flur, über längere Strecken auch sandig-humose Abschnitte, leichte Steigungen zwischen Overhetfeld und Venekoten sowie zwischen Niederkrüchten und Overhetfeld, ansonsten ebenerdige Radwanderung
Rückfahrt: von Brüggen mit dem Bus nach Viersen, Schwalmtal, Nettetal, Tönisvorst, St. Tönis, Niederkrüchten;
nächste Bahnhöfe: Kaldenkirchen, Nettetal-Breyell, Mönchengladbach, Viersen, Viersen-Boisheim, Viersen-Dülken, Brüggen-Bracht;
Autobahnanschlüsse: A 61 Kaldenkirchen-Süd, dann B 221 - Bracht - Brüggen, A 52 Ausfahrt Niederkrüchten, dann B 230 bis Brüggen, A 40 Straelen/Nettetal - B 221 bis A 61 Richtung Koblenz, Ausfahrt Kaldenkirchen-Süd - Bracht - Brüggen
Entdecken: Aulandschaft beiderseits der Schwalm, Seenlandschaft zwischen Schloss Dilborn, Dilborner Mühle und der deutschen Grenze, Elmpter Bruch, Maastal zwischen Asselt mit seinem Hafen und Wieler, Kasteel Hillenraedt, mittelalterliche Städtchen
Karte: 1 : 50 000 Radwanderkarte Niederrhein Süd, Regio Cart RV Verlag Nr. 11 693
Einkehr: viele Möglichkeiten in Brüggen und entlang der Strecke
Unterkunft: Jugendherberge Brüggen, Auf dem Eggenberg, Brüggen, Telefon 0 21 63/51 61, Fax 5 99 67; zahlreiche Pensionen und Privatquartiere sowie Ferienwohnungen, in Holland das örtliche Hotel- und Pensionsangebot

Die mittelalterliche Stadt Brüggen am Niederrhein inmitten des Naturschutzgebietes Venekotensee und Elmpter Schwalmbruch mit dem mäandernden Flusslauf der Schwalm, den Wacholderheiden und Mooren, gehört mit zum Schönsten des Naturparks Schwalm-Nette. Die Region um die Seen sind ein Treffpunkt für Wanderer, Wassersportfreunde und Erholungssuchende aus dem Westen Deutschlands und der angrenzenden Niederlande. Der Wegfall der Schlagbäume macht auch hier das Wandern, Radfahren und Entdecken zu einem außergewöhnlichen Vergnügen. Wer weder das Eine noch das Andere möchte, der kann auf dem Rücken eines

Pferdes die herrliche Landschaft erkunden. Wer die unverfälschte Natur liebt, der ist hier genau richtig. Wacholderheiden und Moore, tiefe dunkle Wälder, die mäandernde Schwalm, der Oebeler Bruch und rund 100 Vogelarten, das ist auch ein Teil der Stadt Niederkrüchten/Brüggen mit ihrem fantastischen See, den unberührten Auwäldern und einer fast schon paradiesischen Stille.

Für die Radwanderer gibt es auf dieser Fahrt besonders viel zu sehen und zu erleben. Das Dilborner Schloss (11./16. Jahrhundert), die Dilborner Mühle (17. Jahrhundert), das Kasteel Hillenraedt/NL (11./16. Jahrhundert), Kasteel Waterloo/NL (16. Jahrhundert), der historische Ortskern von Asselt/NL sowie Heide und Moore, die den Weg dieser Radrundfahrt säumen. Am Ufer der Maas bei Asselt kann man sich niederlassen, die Füße ausstrecken und echten holländischen Matjes mit einem kernigen Stück Gouda oder Edamer probieren. Roermond, die alte Kaufmanns- und Handelsstadt, ist nur einen Steinwurf entfernt und hat bis heute nichts von ihrem Charme, den verwinkelten Gassen und teilweise mittelalterlichen Häusern verloren.

Auskünfte: Verkehrsamt Brüggen, Klosterstraße, Brüggen, Telefon 0 21 63/57 01 64, Fax 57 01 65;
Interessengemeinschaft „Lebendiges Brüggen", Klosterstraße 33, Brüggen, Telefon 0 21 63/95 33 50, Fax 95 33 51; Internet: www.brueggen.de, e-Mail: info@brueggen.de

Fahrpläne: Busverkehr Rheinland GmbH, Neuss, Telefon 0 21 31/27 80 18, Fax 27 59 06 und VVR Service Telefon 0 21 62/1 94 49, Fax 37 11 00;
Städtische Werke Krefeld, Telefon 0 21 51/98 42 10

Geöffnet: März bis Oktober
dienstags bis sonntags 9.00 - 13.00 Uhr
13.30 - 18.00 Uhr
montags nach Vereinbarung

Natur- und Tierpark Brüggen (Brachter Straße 98, Brüggen, Telefon 0 21 63/54 47, Fax 5 88 36)

Geöffnet: Ostern bis Ende Oktober 9.00 - 17.00 Uhr
in den Sommerferien jeden Dienstag und Donnerstag ein großes Kinderfest von ca. 13.00 - 16.00 Uhr

Führungen: täglich nach Vereinbarung, Dauer ca. 1 Std.

Preise: an Wochentagen DM 40,00
an Feiertagen DM 50,00

Jagd- und Naturkundemuseum Burg Brüggen (Burgwall 2, 41379 Brüggen, Telefon 0 21 63/52 70)

Geöffnet: zurzeit wegen Umbaus geschlossen, Auskünfte bei der Gemeine Brüggen, Telefon 0 21 63/5 70 10

Camping: *Dilborner Mühle*, Dilborner Straße, Niederkrüchten-Overhetfeld, ganzjährig geöffnet
Einde/NL, geöffnet von Ende April bis Ende Oktober

Auskünfte: Informationszentrum Naturpark Schwalm-Nette, Burgwall, Verkehrsamt Brüggen, Telefon 0 21 63/57 01 65, ab Ostern geöffnet

Geöffnet:	täglich	9.00 - 13.00 Uhr
	und	13.30 - 17.00 Uhr
	montags	geschlossen

Der Start unserer Radwanderung geht vom **Parkplatz** an der **Burg Brüggen** aus. Wir biegen in die „Klosterstraße" nach links ein und radeln sogleich auf dem Radweg *Maas-Schwalm-Nette*. Nach einem Kilometer fahren wir rechts in die „Dilborner Straße" ein (an der Einfahrt steht ein Hinweisschild *Roermond 19 Kilometer - Elmpt 4 Kilometer*) und rollen gemächlich in Richtung Dilborner Schloss. Nach 400 Metern heißt es für uns rechts (Hinweisschild *Schloß Dilborn*), und wir fahren nun auf dem Radweg durch den Wald auf das Wasserschloss zu, dessen Türme und Mauern wir schon erspähen. Dann ist **Schloss Dilborn** (16. Jahrhundert) erreicht. Die Anlage ist leider nur von außen zu besichtigen, denn sie dient heute ausschließlich sozialen Zwecken (Kinderheim und Jugendbildungsstätte). Unser nächstes Ziel wartet bereits auf uns, die Dilborner Mühle.

Zunächst folgen wir dem Radweg durch dichten Mischwald mit Teichen und Weihern bis zur Einmündung in die Hauptstraße, nehmen dann den Weg nach rechts und gondeln durch kraftvollen Auwald bis zum Ortseingang *Niederkrüchten-Overhetfeld*, wo wir noch vor dem Ortsschild rechts einbiegen zur Dilborner Mühle mit dem Campingplatz. Nach 200 Metern haben wir die **Dilborner Mühle**, eine Wassermühle aus dem 17. Jahrhundert und den Campingplatz erreicht. Die Dilborner Mühle steht unter Denkmalschutz und wird privat genutzt. Das Mahlwerk ist noch komplett vorhanden und wer sich für das Innenleben der Mühle interessiert, der kann am „Tag des Denkmals" im September sowohl die Dilborner Mühle als auch das Schloss Dilborn besichtigen.

Wir rollen zurück zur Landstraße und folgen dem Radweg Maas-Schwalm-Nette nach rechts bis zur Eichenallee „An der Kapelle". Dort bietet sich die Gelegenheit zur Besichtigung des Sakralbaus „St. Maria an der Heiden" (17. Jahrhundert). Der Bau geht auf eine Legende zurück, die besagt, dass sich an dieser Stelle ein Brunnen befand, worin ein Bildnis der Mutter Gottes gefunden wurde. Daraufhin errichtete man am selben Ort diese Kapelle. Unser Weg verläuft weiter über die „Dilborner Straße" leicht hügelwärts (durch Overhetfeld Radwegesymbol *Maas-Schwalm-Nette/Niederrhein-Route-Radweg Ni* beachten). Rechter Hand passieren wir den Dilborner Landmarkt, wo der Proviant ergänzt werden kann. Dann stoßen wir linker Hand auf die Straße „Hoferfeld" „Radwegsymbol *Niederrhein-Route*), in die wir nun einbiegen und einen kleinen Abstecher nach Niederkrüchten-Elmpt machen. Durch Feld und Flur führt der Weg über eine leichte Steigung auf *Elmpt* zu, wir queren dabei zwei Wegekreuze und gelangen zur „Uhlandstraße", in die wir jetzt einfahren. Am Friedhof geht die Fahrt vorbei bis zur „Goethestraße", wir queren diese und erreichen auf der anderen Seite die Kirche *St. Laurentius* (13./17. Jahrhundert) mit dem Heideschnitter-Denkmal in Niederkrüchten-Elmpt. Bis zum Beginn dieses Jahrhunderts war der Beruf des Heideschnitters ein Vollzeitjob und im Gedenken an diese harte, entbehrungsreiche Arbeit wurde den Schnittern ein Denkmal gesetzt.

Die Schwalm - naturbelassen und idyllisch

Auf dem selben Weg geht es nun wieder zurück bis zur „Dilborner Straße", in die wir links einfahren in Richtung Venekoten. Nach einer mäßigen Steigung halten wir uns an der Abzweigung Hinweisschild *Venekoten* rechts und radeln in die „Dorfstraße" ein. An der nachfolgenden Abzweigung Hinweisschild *Hotel Venekotensee* nehmen wir den Radweg zur Rechten und rollen nun talwärts zur Schwalm in die Feriensiedlung Venekoten. Im Verlauf der Straße erreichen wir nun Venekoten, unterqueren das Eingangsportal und halten uns gleich rechts auf dem „Venekotenweg", der uns über mehrere Kilo-

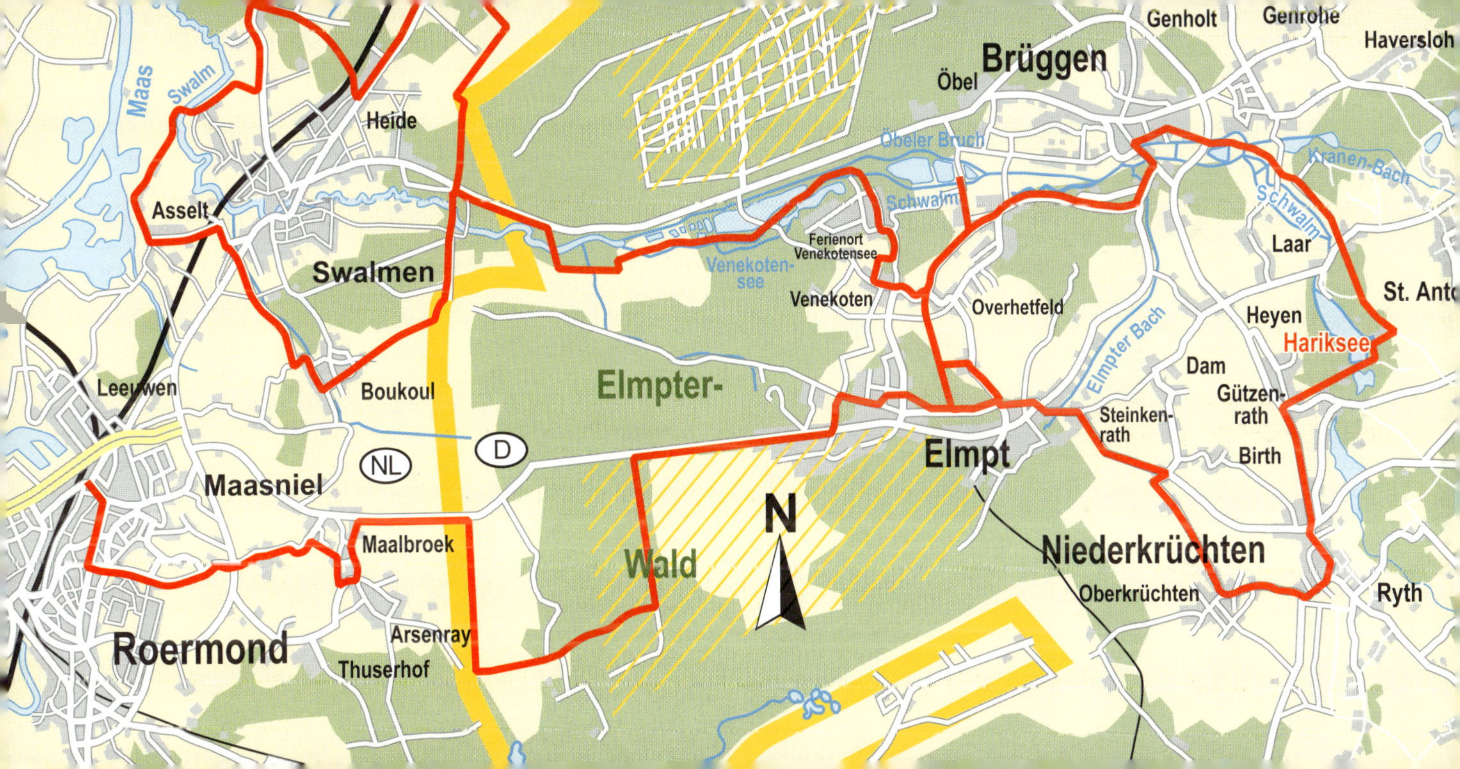

Genholt
Genrohe
Haversloh
Brüggen
Öbel
Maas
Swalm
Heide
Öbeler Bruch
Kranen-Bach
Schwalm
Schwalm
Asselt
Ferienort
Venekotensee
Venekoten-
see
Laar
Swalmen
Venekoten
Overhetfeld
St. Ant
Heyen
Elmpter Bach
Hariksee
Dam
Leeuwen
Boukoul
Elmpter-
Gützen-
rath
Steinken-
rath
D
NL
Elmpt
Birth
Maasniel
N
Maalbroek
Niederkrüchten
Wald
Oberkrüchten
Ryth
Arsenray
Roermond
Thuserhof

meter durch die Siedlung vorbei an See und Schwalm geleitet. Neue Hinweisschilder tauchen auf und wir orientieren uns nun an dem Symbol *Walsberg Route - rot auf weiß ANWB.*

Zur Rechten taucht das Hotel „Venekotensee" mit Reitanlage aus dem dichten Grün auf und nach weiteren 300 Metern liegt ebenfalls rechtsseitig das Restaurant-Café „Am Kachelofen" vor uns. Wir radeln nun über den „Venekotenweg" ein gutes Stück durch herrlichen Mischwald bis zum Ende des Weges, der in einem Wendehammer mündet. Auf dieser Strecke öffnen sich rechts mehrere Wanderwege, über die man direkt zum See gelangt. Vom Wendehammer aus rollen wir langsam auf die *rot-weiße Barriere* zu, umfahren diese linker Hand und gondeln gemütlich über den Weg durch dichten Wald bis zu einem sandig-kiesigen Waldplatz. Der Wegebelag besteht bei einem Teil des kommenden Abschnittes aus Sand, Humus und Kies. Also die Fahrweise entsprechend ändern. Wir queren den Platz und nehmen den Weg geradezu, der sich nun zwischen Kiefern, Birken und Erlen hindurch schlängelt. Eine Verschnaufpause ist hier in jedem Fall angesagt. Vielleicht schiebt ihr auch eure Räder ein Stück, denn die Landschaft ist im wahrsten Sinne des Wortes „phänomenal": Wacholderheide, Dünen, Waldseen, Tümpel und Moore. Dazwischen urwüchsiger Mischwald mit zum Teil jahrhundertalten Bäumen. Wir radeln nun durch „Das Elmpter Schwalmbruch" - Hinweistafeln geben erschöpfend Auskunft über die Entstehung -, bis wir an der kommenden Einmündung rechts einfahren, um nach 30 Metern gleich wieder links dem Radwegesymbol *B* zu folgen. Wir rollen nun in „Griffweite" am Ufer der Schwalm längs bis zu einer weiteren Abzweigung - Schild *Elmpter Schwalmbruch*, wo wir uns rechts halten. Der Weg windet sich durch Wald, Heide und Moor einer Einmündung zu, in die wir rechts einbiegen und dem Weg bis zur *rot-weißen Barriere* nachfolgen. Wir umfahren die Sperre (linksseitig liegt der Kamerickshof) und radeln auf der Straße Kamerickshof bis zur Hauptstraße L 373, wo wir uns links halten und den Radweg in Richtung Swalmen nehmen (Radwegesymbole *Walsberg Route-Radweg B-Niederrhein-Route* beachten). Nun passieren wir zur Linken die alte Zollstation und dann haben wir schon Holland erreicht.

Auf einer prachtvollen Eichenallee rollen unsere Räder vorbei am Waldschwimmbad (linksseitig) mit Parkplatz (rechts), und wir richten uns nach dem Symbol *Walsberg Route-Swalm Route*, das uns nach 100 Metern den Weg nach links weist in die Straße „de Lanck". Auf dieser Straße radeln wir erneut am Freibad und Campingplatz vorbei in Richtung Boukoul. Das landschaftliche Bild wechselt vom beherrschenden Mischwald in offene Feldflur. Spargelfelder, Obstplantagen und Gewächshäuser bestimmen das „Outfit" in der holländischen Region Limburg-Nord.

Dann ist **Boukoul** erreicht, und wir schwenken halb links ein, wobei wir dem Radwegehinweis *TRAP-Route weiß auf grün* und dem Schild *Doorgaand verkeer* in die Straße „Elmpterbaan" folgen. Auf diesem Weg gondeln wir durch eine typisch niederländische Ortschaft bis zur Stoppstraße - *Hinweisschild Asenray-Roermond*, und fahren in die Straße „Bouven Boukoul" rechts ein. Am Ortsrand von Boukoul in der Straßenkurve heißt es erneut rechts und wir nehmen den „Graeterweg" (Hinweisschild *Doorgaand verkeer* Radwegesymbol *Swalm-Roermond Route schwarz-weiß-rot*). Schon kommt nach rund 200 Metern zur Linken das Hotel-Restaurant „Graeterhof" in Sicht. Der Graeterhof war einst Kastell (niederl.: Kasteel; eine burgähnliche Verteidigungsanlage mit wehrfähigem Charakter. Sie diente zunächst der Abwehr und zur Verteidigung. Wurde später als Wohnanlage genutzt) und stammt aus dem 14. Jahrhundert. Im 16. Jahrhundert wurde es komplett umgebaut und erhielt im Laufe der Zeit sein heutiges Aussehen.

Unsere weitere Fahrt führt uns längs einer prachtvollen Pappelallee (Toscanapappeln) bis zu einem Wegekreuz, wo wir rechts abbiegen in den „Hillenraederlaan" und dem **Kasteel Hillenraedt** einen kurzen Besuch abstatten. Das Wasserschloss stammt ursprünglich aus dem 11. Jahrhundert, wurde mehrmals überbaut und schließlich im Renaissancestil (16. Jahrhundert) fertig gestellt. Leider ist das Kastell für die Öffentlichkeit nicht zugänglich. Wir rollen zurück zur Wegekreuzung und nehmen die Straße „Burg Strenslaan" nach rechts, queren später die N 271 und radeln auf der anderen Seite auf dem „Burg Strenslaan" weiter. Die Alleen wollen kein Ende nehmen und so reihen sich Ahorn, Linde, Buche, Eiche und Pappel in stetigem Wechsel aneinander. Ein Naturdenkmal, wie es schöner kaum zu finden ist. Wir nähern uns stetig dem kleinen Ort Asselt, radeln auf dem „Burg Strenslaan" bis zur Einmündung mit dem Hinweisschild *„Kerk - Asselt - Museum"* und fahren dort nach links in die „Asseltsestraat" ein. Im Verlauf des Radweges queren wir eine Bahnstrecke, wobei wir uns weiter an dem Radwegesymbol *Walsberg Route* orientieren. Durch die Feldflur führt der Radweg und dann ist die historische Ortschaft **Asselt** erreicht. Gleich am Ortseingang mit Blick auf die Maaspolder empfängt uns linker Hand das Café „Diony". Geradezu geht der Blick auf die Polder der Maas, die Marina mit zahlreichen Yachten und Motorbooten und das weite Schwemmland der Maasauen.

Zunächst gondeln wir nach links auf Richtung Asenray - Roermond, denn der historische Ortskern sollte besichtigt werden. Sehenswert sind in jedem Fall die romanische Feldsteinkirche *St. Dionysiuskerkje* (11. Jahrhundert), das folkloristische *Heimatmuseum* (16. Jahrhundert) sowie die zahlreichen mittelalterlichen *Backsteinhäuser* der Fischer, Korbflechter und Seiler, wie sie in dieser Region und ähnlichen Gebieten Hollands dominieren.

Dann rollen wir gemächlich zurück und gondeln über den „Eindweg" vorbei am Yachthafen in Richtung Einde, wobei sich auf der kleinen Promenade reichlich Gelegenheit bietet, wundervoll zu rasten.

Wir verlassen Asselt über die Straße in Richtung Einde und folgen dabei dem Radwegesymbol *Walsberg-Swalm-Route*, das uns über den Radweg zunächst durch eine idyllische Auenlandschaft geleitet, bis wir an eine Biegung gelangen, wo es für uns erst rechts heißt, wobei wir längs eines Bachlaufs radeln, um den weiteren Weg in Richtung Einde zu nehmen. Das Radwegesymbol zeigt jetzt *Walsberg-Route-Swalm-Route-LF3b Maas-route* an und nach Passieren der Brücke über den Bachlauf sind wir im Dorf *Einde* angekommen. Wir folgen der Straße „Eindeweg“ weiter bis zur Einmündung in den „Beeselseweg“, in den wir links einfahren und uns zunächst auf Wieler zu halten. Dann ist auch das Straßendorf Wieler erreicht, hinter dem sich der „Beeselsweg“ in einer prachtvollen Buchenallee fortsetzt, die dann in die Straße „Burg Janssenstraat“ übergeht. Dann gelangen wir an einen Abzweig, queren dort die Straße und radeln in die Straße „Eichenbrocklaan“ am Transformatorhaus ein (beachtet das Hinweisschild *Swalm-Route*). Jetzt bleiben wir vorerst auf diesem Weg und durchqueren dabei weitläufigen Mischwald, in den hin und wieder Getreidefelder und Gemüsekulturen eingestreut sind. An der folgenden Abzweigung halten wir uns halb links (Symbol *Swalm-Route*) und kommen schon bald an einen Bahnübergang, den wir passieren. Jetzt sind es nur noch 200 Meter bis zur N 271, die wir umsichtig queren, um auf der anderen Seite gleich links den Radweg in Richtung Kastell Waterloo zu nehmen. Nach rund 1,5 Kilometern schält sich zur Linken das Kastell Waterloo (16. Jahrhundert) aus dem dichten Grün des Parks heraus, das leider nicht zu besichtigen ist. In vielen niederländischen Kastellen sind private Stiftungen/Sanatorien oder Heilanstalten untergebracht. Trotzdem lohnt sich das Anschauen von außen.

Gleich gegenüber auf der rechten Straßenseite rollen wir in den „Heideheimsweg“ ein, der uns ein gutes Stück durch schattigen Wald leitet. An der ersten Abzweigung vor dem Bauernhof biegen wir rechts ab und fahren dem Hinweisschild *Waterloose Bossen route* nach, die uns direkt auf den *St. Jozefdijk* führt, wo wir uns links halten. Wir passieren im weiteren Verlauf einen Bauernhof, öffnen und schließen (!) zwei Tiergatter, um an der nächsten Einmündung nach rechts in den „St. Willibrordusweg“ einzuschwenken. Auf diesem Weg radeln wir nun bis zu einer weiteren Einmündung, in die wir links einradeln, um nach 20 Metern gleich wieder rechts einzuschwenken (Hinweisschild *Walsberg-Route - Swalm-Route*, das uns bis zu einer Barriere führt, die wir linksseitig umfahren). Auf dem Hauptweg rollen wir weiterhin geradezu und kommen bald schon zur Hauptstraße, die wir erneut vorsichtig überqueren, um auf der anderen Seite gleich links in den Radweg einzufahren. Wer möchte, der kann sich hier rechts halten und der Ortschaft *Swalmen* einen kurzen Besuch abstatten.

Wir gondeln nun wieder auf festem Asphaltboden zurück nach Deutschland, erreichen die ehemalige Zollstation und radeln auf der L 373 bis zum Abzweig Kamerickshof, in den wir nun rechts einbiegen (Radwegesymbol *RW 9/16*). Vorbei am Kamerickshof queren wir abermals die Schwalm, um nach 100 Metern links am Hinweispfosten „Das Elmpter Schwalmbruch" einzufahren. Der Wegebelag ist nun wieder sandig-kiesig, also die Fahrweise umstellen. Wir statten den bereits bekannten Seen und Teichen einen zweiten Besuch ab, rollen bis zur nächsten Einmündung, wo wir am Hinweispfosten rechts abbiegen in die Wacholderheide des Schwalmtales, die wir nun besichtigen werden. Der Weg schlängelt sich durch eine urwüchsige Landschaft und dann sehen wir rechter Hand einen Holzsteg, der scheinbar in Schilf und Wasser verschwindet. Diesen Weg befahren wir mit den Rädern - besser ist zu Fuß gehen und schieben - und wir genießen die Aussicht auf einen Heidesee mit beginnender Vermoorung, wie er schöner nicht sein kann. Nach 100 Metern endet der Holzsteg wieder auf unserem Radweg und wir setzen die Fahrt in Richtung Wacholderheide fort. Am nächsten Wegekreuz mit Hinweispfosten halten wir uns links (Symbol *Radweg Elmpt - Niederrhein-Route)* und dann öffnet sich zur Linken das weite Tal der Wacholderheide, die sofort Erinnerungen an die großen Heidelandschaften Norddeutschlands weckt. Nach weiteren 1,5 Kilometern erhebt sich linker Hand über die Bäume hinaus ein hölzerner Aussichtsturm, der so recht geeignet ist, die Heide und die Landschaft umher zu betrachten. Dort biegen wir links ein und nach 200 Metern stehen wir am Fuße des *Turmes*. Bänke laden zur Rast ein und die Heidelandschaft zur behutsamen Erkundung. Anschließend radeln wir den Weg weiter leicht talwärts bis zu einer Abzweigung, an der wir rechts einbiegen. Wir kennen diesen Weg bereits von der Hinfahrt, rollen gemächlich an Teichen vorbei durch den Wald bis zum Kiesplatz, queren diesen und nehmen auf der anderen Seite den Wanderweg zum „Venekotenweg", umfahren die rot-weiße Barriere und rollen nun wieder auf Asphalt durch die Ortschaft Venekoten. Am Ortsausgang lesen wir *Overhetfeld 1 Kilometer*, aber schon nach 200 Metern halten wir uns links und fahren in den Radweg ein, der uns bis zu einer Abzweigung führt. Geradezu weist das *Radwegeschild B* den Weg, dem wir nun zunächst geradezu wieder in Richtung Venekoten folgen. Durch Wiesen und Weiden führt die Route bis zu einer Holzbrücke, über die wir nach rechts die Schwalm queren, um gleich auf der anderen Seite rechts in den Radweg einzufahren. Zur Rechten glitzert der *Venekotensee*, in dem sich zahlreiche Badelustige erfrischen. Versucht doch auch einmal ein kühles Bad. Nach einer Radwanderung ist das die rechte Erfrischung. Wir gondeln entlang des Ufers und stoßen an einer Einmündung auf eine Straße, in die wir nun rechts einbiegen. Wir radeln bis zur Schwalm, schwenken jedoch noch vor der Brücke links in den Radweg ein, über den wir schwalmaufwärts, vorbei an Badeseen und am Campingplatz „Oebeler Bruch“ in das „Mäandergebiet“ der Schwalm gelangen, eine ökologische Kostbarkeit, für die ihr euch auf jeden Fall genug Zeit lassen solltet.

Eine große Schautafel erläutert ausführlich die Entstehungsgeschichte und Bedeutung dieses „Mäandergebietes“. Nach der Schautafel queren wir eine Brücke linksseitig, um gleich danach wieder rechts einzuschwenken, um dem Lauf der Schwalm flussaufwärts zu folgen. Durch das zerfingerte Autal der Schwalm schlängelt sich unser Radweg bis zu einem Wegekreuz, wo wir uns rechts halten und ein kleines Brückchen queren. Wir radeln immer noch längs der Schwalm auf Brüggen zu, kommen an ein zweites Wegekreuz bei den „Dilborner Benden“, queren dieses (rechter Hand liegt in einer Talmulde ein Spielplatz) und rollen geradezu den Rest des Weges auf die „Klosterstraße“ in Brüggen zu, das wir mit den nächsten Metern erneut erreichen. Nach Querung der „Klosterstraße“ gondeln wir auf den Parkplatz bei der **Burg Brüggen**. Unsere Radwanderrundfahrt ist damit zu Ende.

8 Durch die Nettetaler Seenlandschaft in die Groote Heide bei Venlo

Burgen, Mühlen, Wasser und Matjes

Start:	Brüggen/Niederrhein
Ziel:	Venlo/Niederlande (Maastal)
Länge:	40 km
Verlauf:	ausschließlich befestigte Radwege durch Ortschaften, Wald, Feld, Flur, Heide und Moore, keine Steigungen
Rückfahrt:	von Venlo/NL mit dem Zug nach Mönchengladbach/Viersen, Viersen-Boisheim, Kaldenkirchen, Duisburg, Köln und Düsseldorf bzw. von Brüggen oder Nettetal mit dem Bus nach Schwalmtal, Viersen, Tönisvorst, St. Tönis, Niederkrüchten; nächste Bahnhöfe: Kaldenkirchen, Nettetal-Breyell, Mönchengladbach, Viersen, Viersen-Boisheim
Entdecken:	Aulandschaften von Schwalm und Nette, Seenlandschaft bei Nettetal, Venloer und Groote Heide, Maastal mit Venlo und seinem Hafen, Wind- und Wassermühlen, Schlösser und Burgen, mittelalterliche Städtchen
Karte:	1 : 50 000 Radwanderkarte Niederrhein Süd, RV Verlag Nr. 11 693
Einkehr:	Restaurants, Cafés und Imbissstuben auf der Strecke durch Holland nach Venlo
Unterkunft:	Jugendherberge Brüggen, Auf dem Eggenberg 1, Brüggen, Telefon 0 21 63/51 61, Fax 5 99 67; Jugendherberge Vierlinden, Heide 1, 41334 Nettetal-Hinsbeck, Telefon 0 21 53/64 92, Fax 8 95 98; Feriendorf des Landessportbundes, Heide 2c, 41334 Nettetal-Hinsbeck, Telefon 0 21 53/9 15 80 und 80 19 26, Fax 59 88 und 80 19 28; zahlreiche Pensionen und Privatquartiere sowie Ferienwohnungen, in Holland das örtliche Hotel- und Pensionsangebot

Die Stadt Nettetal am Niederrhein mit ihrem Naturschutzgebiet der Krickenbecker Seen, ist das Herzstück des Naturparks Schwalm-Nette. Der Ort entstand im Jahre 1970 aus den Landstädtchen Kaldenkirchen und Lobberich sowie aus den Gemeinden Breyell, Hinsbeck und Leuth. Seinen Namen erhielt diese neugebildete Siedlungseinheit von der Nette, dem Flüsschen, das auf seinem Lauf von der Quelle bei Dülken-Röhlenend bis zur Mündung in die Niers bei Wachtendonk nicht weniger als neun Seen durchfließt, von denen wir den Großteil kennen lernen werden. Wasser, Wald und Wiesen, Venedig des Niederrheins, so wird Nettetal auch oft beschrieben, und in der Tat ist die Region um die Seen ein Treffpunkt für Wanderer, Wassersportfreunde und Erholungssuchen-

8 Durch die Nettetaler Seenlandschaft in die Groote Heide bei Venlo

de aus dem Westen Deutschlands und den angrenzenden Niederlande. Der Wegfall der Schlagbäume macht auch hier das Laufen, Radfahren, Segeln und Fliegen zu einem außergewöhnlichen Vergnügen. Wer weder das Eine noch das Andere möchte, der kann auf dem Rücken eines Pferdes die herrliche Landschaft erkunden. Oder man wird zum Freizeitkapitän auf einem der Segelboote, die auf dem großen De-Witt-See im Wind kreuzen.

Seltene Heiden und Moore, tiefe dunkle Wälder, mehr als 114 Vogelarten und die größte Graureiherkolonie des nördlichen Rheinlandes, das ist auch ein Teil der Stadt Nettetal mit ihren fantastischen Seen, unberührten Auwäldern und einer fast schon paradiesischen Stille. Wen es in die Lüfte zieht, der kann vom Segelflugplatz in der Venloer Heide aus die grenzenlose Freiheit über den spärlichen Wölkchen am Niederrhein suchen. Und für die Radwanderer gibt es auf dieser Fahrt besonders viel zu sehen und zu erleben. Wassermühlen, Steinturmwindmühlen, Burgen und Herrensitze, Heide und Moore säumen den Weg dieser Radfahrt bis nach Venlo in Holland, wo man sich am Ufer der Maas niederlassen, die Füße ausstrecken und echten holländischen Matjes mit einem kernigen Stück Gouda oder Edamer probieren kann. Venlo, die alte Kaufmanns- und Handelsstadt hat bis heute nichts von ihrem Charme, den verwinkelten Gassen und teilweise mittelalterlichen Häusern verloren. Der Naturpark Schwalm-Nette mit seinen zahlreichen großen und kleinen Seen: Hinsbecker Bruch, Glabbacher Bruch, De-Witt-See, Kälberweide, Ferkensbruch, Schrolik, Nettebruch. Das Flüsschen Nette in seinem Verlauf, der Erlenbruchwald „Secretis“, die Biologische Station Krickenbecker Seen, Schloss Ingenhoven (15. Jahrhundert) in Lobberich, Haus Bey (17. Jahrhundert) bei Hinsbeck-Hombergen, die Scheune mit Spinnen und Weben in Hinsbeck-Hombergen, der Naturschutzhof in Nettetal-Sassenfeld am De-Witt-See, Schloss Krickenbeck (13. Jahrhundert) inmitten einer idyllischen Seenlandschaft, Stammenmühle in Hinsbeck, Hinsbecker Höhen, Schaager Mühle in Schaag, Lüthesmühle am Ferkensbruch, die Kirchen und Basiliken von Breyell, Hinsbeck und Lobberich, Haus Baerlo (13. Jahrhundert) nahe dem De-Witt-See, die Venloer Heide und Groote Heide, die Moore und Heiden zwischen Schloss Krickenbeck und Venlo, das ehemalige Depot Brüggen-Bracht in der Venloer Heide.

Auskünfte: Naturschutzhof, De-Witt-See,
Telefon/Fax 0 21 53/8 93 74
Geöffnet: Ende April bis Anfang Oktober

Eintritt: frei

Naturerlebnis-Naturerkenntnis pur!

Biologische Station Krickenbecker Seen eV.
(Krickenbecker Allee 17, 41334 Nettetal,
Telefon 0 21 53/91 22 77)

Informationszentrum Krickenbecker Seen
(Krickenbecker Allee 36 (neben Strandbad Hinsbecker Bruch), 41334 Hinsbeck-Hombergen,
Telefon 0 21 53/91 29 09, Fax 91 22 99)

Führungen: nach Absprache: Telefon 0 21 53/91 29 09

Eintritt:	Erwachsene	DM	3,50
	Kinder	DM	1,50
	Familien	DM	7,00

Dorfmuseum Nettetal-Hinsbeck (Auf der Schomm,
41334 Nettetal-Hinsbeck, Telefon 0 21 53/58 26)

Geöffnet: am 1. Sonntag des Monats 14.00 - 18.00 Uhr

Informationszentrum Groote Heide/NL

Geöffnet: mittwochs und sonntags 13.00 - 17.00 Uhr

Alte Scheune (Alt Kämpken, Nettetal, Hinsbeck-Hombergen,
Telefon 0 21 53/6 08 51)

Geöffnet: 25. April bis 31. Oktober sonntags11.00 - 18.00 Uhr
Eintritt: frei

Auskünfte: Amt für Öffentlichkeitsarbeit und Fremdenverkehr,
Doerkesplatz 11, 41334 Nettetal,
Telefon 0 21 53/89 8-13 00, Fax 89 88 98;
e-Mail: stadtnettetal@nettetal.de

Fahrpläne: Busverkehr Rheinland GmbH, Neuss,
Telefon 0 21 31/27 80 18 und
VVR Service Telefon 0 21 62/1 94 49;
Städtische Werke Krefeld
Telefon 0 21 51/98 42 10 und
VVR Service, Telefon 0 21 62/1 94 49

Wir starten von der **Burg Brüggen** in **Brüggen** aus. Für Autofahrer sei der Parkplatz „P11“ an der Einfahrt „Klosterstraße“ empfohlen (schön schattig, besonders im Sommer. Aber früh kommen - bis 9.00 Uhr! Beste Stellplätze sind dann noch frei).

Die Schwalm wird gequert und über den „Burgwall“ radeln wir leicht bergan über den *2LR/RW9 „Lobberich - Süchteln“*. Rechts steht vor dem Hotel „Brüggener Klimp“ eine alte Dampflok, die eine Besichtigung lohnt. An der Einmündung „Borner Straße“ biegen wir links ein und fahren geradezu bis zur „Bergstraße“, in die wir rechts einfahren und bis zur Straße „Alter Postweg“ folgen. Dort folgen wir dem Radwegehinweis links und gelangen so zur „Hochstraße“, über die wir rechter Hand die Stadt Brüggen gemächlich verlassen. Zur Linken steht eine schöne *Marienkapelle*, die einige Minuten des Betrachtens verdient. Wir fahren weiter leicht hügelan und biegen am Radwegesymbol *weißes Sechseck mit grünem Rad* und *B* rechts ab. Diesem Weg folgen wir durch eine kleine Siedlung bis zur Hauptstraße B 221, die wir sehr umsichtig und vorausschauend queren (starker Verkehr) und radeln auf der anderen Seite geradeaus durch weitläufige Spargelfelder. Der linke Niederrhein wird auch „Spargelland“ genannt und die Spargelfeste in Brüggen, Weeze, Geldern und Straelen haben eine jahrhundertealte Tradition.

An der nächsten Wegeeinmündung biegen wir rechts ab (Radwegesymbol *B*) und radeln zunächst bis zum Restaurant „Spargelhof“, das wir zur Linken passieren. Weiter geht die Fahrt längs des Ortes *Genholt* durch die Felder bis zu einer Abzweigung. Dort befindet sich das *Radwegesymbol* in groß auf dem Asphalt. Obacht geben, kann bei hoch stehender Sonne leicht übersehen werden!

An dieser Stelle biegen wir links ein und sehen zur Rechten eine saftige Weide, auf der Dutzende prachtvoller Sauen im Gras, in der Suhle und im Stroh liegen. An der Einmündung in die Hauptstraße bietet linker Hand das Restaurant „Zum Treffpunkt“ seine kulinarischen Leckereien an. Wir überqueren die Straße und folgen dem Radwegesymbol *2LR/RW B 9* auf der anderen Seite durch Feld und Flur bis zu einer weiteren Wegekreuzung, wo wir rechts einbiegen. Die Radwegebezeichnung lautet jetzt *2LR/RW 9/14 - Lobberich-Süchteln*. Zur Linken liegt das *Dorf Alst* und unsere Fahrt führt weiterhin geradezu durch riesige Spargelfelder, die sich fast bis zum Horizont erstrecken. Äcker und Felder mit eingestreuten Gehölzinseln beherrschen das landschaftliche Bild. Weitere Ansiedlungen folgen, so Börholz, Bruckrath und Furth. Die Bewaldung wird dichter und wir folgen immer noch dem Hauptradweg (Symbol auf dem Asphalt) in Richtung *Kindt-Rieth* bis zur Einmündung auf die Hauptstraße. Das Hinweisschild *2LR/RW 9/14* deutet nach links in die „Kindter Straße“ auf Nettetal-Schaag zu. Wir folgen der „Kindter Straße“ bis zur nächsten Anliegerstraße, in die wir rechts einbiegen (*2LR/RW9/14 Lobberich-Süchteln*). Voraus kommt rechts das Sportvereinsheim und der Sportplatz in Sicht.

Nach *Schaag* lohnt sich ein Abstecher, denn die *Pfarrkirche St. Anna* (19. Jahrhundert), die *Alte Schule* (19. Jahrhundert), das *Moubishaus* (18. Jahrhundert) und die *Schaager Mühle* (19. Jahrhundert) sind alle Mal sehenswerte Bauwerke, die den dörflich-ländlichen Charakter der Ortschaften besonders betonen.

Zur Linken befindet sich ein Friedhof. Vorbei an Sportplatz und Kirchhof radeln wir immer geradezu durch *Rahe* nach *Sonnendyk*

Nettetal
Schwalmtal
Glab-
bacher-
Bruch
Poel-
venn-
see
Onnert
Boisheim
Hinsbecker-
Bruch
Schloß
Krickenbeck
Breyell
Fongern
Leuth
Furth
Hariksee
Bruckrath
Venlo
Bracht
Niederkrüchten
Kaldenkirchen
Brüggen
D
Elmpt
NL
Blerick
Belfeld
Tegelen
N
Elmpter-

(Radwegesymbol in Wegekreuzung erneut auf dem Boden!) und gelangen so in den „Buchenweg“, der sich lang hinzieht durch Feld und vorbei an Auwald nach *Brün* und weiter auf *Lötsch* zu. Wir haben jetzt die „Boisheimer Straße“ erreicht, die wir umsichtig queren. Auf der anderen Straßenseite weist uns das Radwegesymbol *2LR/RW 9/14 Lobberich-Süchteln* nach rechts in Richtung *Boisheim*. **Das ist falsch und wurde bislang noch nicht korrigiert!**

Wir müssen in die „Mommerstraße“ einfahren, also **geradeaus** weiter, die gleich am Radwegesymbol beginnt und später „Lötsch“ heißt. Auf diesem Radweg fahren wir bis zur Einmündung in die B 7, die wir vorsichtig queren und setzen auf der anderen Seite geradezu unsere Fahrt durch Lötsch fort. Das Radwegesymbol ist weiterhin *2LR/RW 9/14 - Lobberich-Süchteln* und leitet uns bis zu einer Abzweigung mit Brücke, in die wir rechts einfahren. Jetzt queren wir die A 61 und nehmen auf der anderen Seite nach 400 Metern an der Einmündung den Weg nach links in Richtung *Krickenbecker Seen - Lobberich 2LR/RW 9* (am Wegesrand an der Einmündung steht eine *Wegweisepyramide*. Sie kann im Sommer durch hohes Gras verdeckt sein!).

Zur Linken erhebt sich der wuchtige Turm der *Lambertikirche* (14. Jahrhundert) von *Breyell*, das wir ebenfalls besuchen sollten. Auch das *Rathaus* (19. Jahrhundert), das *Weyer-Kastell* (14. Jahrhundert) und *Haus Baerlo* (14. Jahrhundert) gehören in Breyell zu den herausragenden Sehenswürdigkeiten.

Am Wald entlang radeln wir längs des *Breyeller Sees* und *Nettebruchsees* bis zur Haltestelle „Quellenweg“ und biegen dort nach rechts in die „Lobbericher Straße“ ein. Nach 50 Metern sehen wir auf der linken Seite an einer Hauswand das Schild „*Quellensee*“. Dort biegen wir links in die Straße „Onnert“ ein. An der nächsten Abzweigung steht ein Eckhaus mit der Gaststätte „Olympia“. Dort nehmen wir die Straße „Oberonnert“ nach rechts und folgen dem Radwegesymbol *2LR/RW9* in Richtung *Krickenbecker Seen - Lobberich Nettetal*.

Auch *Lobberich* hat kulturell und historisch einiges zu bieten. So die *Burg Ingenhoven* mit Hotel (15. Jahrhundert), die *Alte Kirche* (15. Jahrhundert), die *Pfarrkirche* (19. Jahrhundert), den *Kaiserturm* und *Haus Buchholz* (11./18. Jahrhundert).

Zur Rechten nähern wir uns jetzt dem *Ferkensbruch* und einem Stoppschild an der *Lüthesmühle*. Dort biegen wir links ein in die Straße „Sassenfeld“, der wir folgen, wobei wir erneut am Ferkensbruch vorbeifahren. An der Abzweigung „Am Hagenbaum“ befindet sich rechts ein Spielplatz, wo sich auch vorzüglich rasten lässt. Weiter führt die Radwanderung bis zum Restaurant „Strandhaus Elbers“, wo Tische und Stühle im Freien zum Verweilen einladen. Linker Hand besteht die

Möglichkeit zum Quellensee und nach Breyell zu radeln.

Wir biegen hinter dem „Strandhotel Elbers“ rechts ein in die Straße Sassenfeld und folgen der Radwegebezeichnung *2LR/RW9*, überqueren dabei die Bahnlinie (links führt ein Radwanderweg längs der Schienen zum De-Witt-See) und gelangen in idyllischen Bruchwald. Dann ist der Naturschutzhof erreicht, wo ein längerer Aufenthalt einfach ein Muss ist. Naturbelassene Teiche, Blumen- und Kräutergärten, eine wunderschöne Vogeluhr, Bienenstöcke, Geflügel und noch viel mehr ist hier zu entdekken.

Anschließend folgen wir weiter dem Lauf des Radweges in Richtung Hinsbeck. Weithin sichtbar recken sich *Stammenmühle* und *Pfarrkirche St. Peter* (beide 19. Jahrhundert) in den Himmel, lohnenswerte Ziele für einen kurzen Ausflug. Auch die *Kreuzkapelle* aus dem 18. Jahrhundert ist sehenswert. Nicht minder imposant das *Haus Bey* (17. Jahrhundert). Dort residiert heute ein Golfclub.

Der Radweg schlängelt sich durch Wiesen und Weiden bis zu einer Abzweigung, wo wir links einfahren (Symbol auf dem Boden und hölzernen Wegweiser Strandhotel, Forsthaus, Secretis beachten!) und weiter auf die Krickenbecker Seen zuradeln. An der nächsten Abzweigung heißt es wieder links (*hölzerne Wegweiser*) bis wir zur Einmündung an die B 509 kommen. Linker Hand liegt das Restaurant-Café „Secretis“. Wir queren die B 509 bei Schlöp und radeln dem Weg nach bis zur Blumenwerkstatt an der Straße „An Haus Bey“. Zur Rechten liegt das schlossartige Gebäude inmitten eines alten Eichen- und Buchenwaldes. Wir nehmen den Weg nach links und folgen der Straße „An Haus Bey“ bis zur nächsten Einmündung, wo wir uns rechts halten. Nach weiteren 100 Metern biegen wir links auf den Radweg in Richtung Krickenbecker Seen ein, der uns direkt nach Hinsbeck-Hombergen geleitet. Das Radwegesymbol *2LR/RW9/12 - Herongen - Venlo/NL* bestimmt jetzt unseren weiteren Weg. Teilweise wird auch die *Niederrheinhauptroute Blaues Band mit roter Spitze* über die *2LR/RW9/12 Route* geführt. Kurz vor dem Strandbad liegt links die „Alte Scheune“. Wer sich für Flachs und Linnen, fürs Spinnen, Weben und handwerkliche Kunst interessiert, der ist hier genau richtig. Dann taucht zur Linken das Hotel Strandbad „Krickenbecker Seen“ auf. Wir halten uns rechts und gleich wieder links und sehen voraus die beiden großen Seen, nämlich den *Glabbacher* und *Hinsbecker Bruch*. Dann liegt das *Schloss Krickenbeck* (14. Jahrhundert) vor uns. Leider ist eine Besichtigung nicht möglich, da das Gebäude der WestLB gehört, die dort Schulungen durchführt.

Wir radeln inmitten tiefsten Laubwaldes durch eine Seenlandschaft von außerordentlicher Schönheit und Stille, passieren zur Linken den *Schrolik See* und kommen im weiteren Verlauf zur B 221. An der Ampel queren wir die Bundesstraße und fahren geradezu auf der anderen Seite in die Venloer Heide hinein (*Tor 9 - Venloer Heide* steht auf einem mächtigen Findling). Der Radweg verläuft fast schnurgerade in die Heidelandschaft. Linker Hand weist ein Schild auf den „Birkenhof“ hin, ein Restaurant an der „Heerstraße“, mitten auf dem ehemaligen Militärflugplatz Brüggen-Bracht.

Der Radwanderweg zieht sich am *rot-weißen Schlagbaum* vorbei, wo die deutsch-niederländische Grenze verläuft. Wir radeln noch ein gutes Stück geradeaus in Richtung Venlo/NL, bis wir in eine Kurve an einem Rastplatz gelangen, wo wir halb rechts einbiegen und dem Wegesymbol *Venlo/NL - Groote Heide LF13* folgen. Außerdem finden sich noch Hinweisschilder in Rot auf weißem Grund, *Herongen LF13b - Schelde-Rhein-Route.* Hier bietet sich die Gelegenheit, das deutsch-holländische Grenzland intensiver zu erradeln.

Durch Wald und Heide führt die Radwanderung bis zu einem Segelflugplatz. Dort halten wir uns links, radeln am Hangar vorbei und biegen gleich dahinter rechts ein in den „Imkerpaadje", der uns direkt bis zum *Informationszentrum Groote Heide* führt. An der folgenden Einmündung biegen wir rechts ein in den „Hinsbecker Weg", vorbei an Gewächshäusern, in denen Tomaten gezogen werden und fahren weiter auf Venlo/NL zu. Über den „Orchideenweg" nähern wir uns der Stadt und gelangen zur Einmündung in den „Lavendelweg". Dort biegen wir links ein und nach 200 Metern rechts in den „Linnaeusweg" (weiterhin Wegesymbol *2LR*), der nach kurzer Strekke in den „Casinoweg" mündet. Hier fahren wir rechts und nach zehn Metern gleich wieder links (Hinweis Station, das bedeutet Bahnhof). Jetzt führt der Weg talwärts über den „Waterleidingsingel" in eine kleine Vorortsiedlung auf den „Maagdenbergweg", dem wir rechts in Richtung *Centrum-Station* folgen.

Radler willkommen im Coffieshop in Venlo

An der Einmündung in den „Kaldenkerker Weg" am „Café Sensi" fahren wir nach rechts dem Radweg nach und dann kommt linker Hand die Station oder der Bahnhof von **Venlo** in Sicht. Im großen Kreisverkehr richten wir uns nach den Hinweisschildern in Rot auf Weiß *Centrum-Blerick-Nijmegen.* Wir nehmen im Kreis die zweite Ausfahrt rechts (*Radwegehinweis*) *Centrum-Duisburg-Straelen-2LR* und radeln geradewegs in die Sackgasse „Keulsepoort“ hinein, die für Radfahrer frei gegeben ist und gelangen so in die Altstadt von Venlo. Die Radwegeführung *2LR* begleitet uns auf unserem Weg durch die Stadt und führt uns zielsicher zum historischen *Raadhuis*, das unbedingt sehenswert ist, wie die gesamte Altstadt von Venlo. Über die „Pepersstraat“ läuft der Radwanderweg zur Maas und an der Einmündung in die „Promenade“ halten wir uns rechts. Jetzt sind es noch 300 Meter bis zur „Bolwaterstraat“, in die wir einbiegen. Nach nochmals 200 Metern haben wir den berühmtesten Einkaufstempel am Niederrhein erreicht, die *„2 Brüder von Venlo“*. Hier bekommt man alles an Lebensmitteln und Bekleidung an sieben Tagen in der Woche von 9.00 Uhr bis 18.00 Uhr. Alle Preise sind in Deutscher Mark, und so wird auch bezahlt. Vom Bahnhof aus fahren täglich zu jeder vollen Stunde Züge in den Westen Deutschlands. Von Venlo aus bieten Ausflugsschiffe Fahrten maasaufwärts nach Roermond oder flussabwärts nach Nijmegen an. Eine reizvolle Alternative, um Füße und Fahrräder ein wenig zu schonen.

9 Von Geldern bis Venlo

Blumenduft, Spargel und Windmühlen

Start: Geldern/Niederrhein
Ziel: Venlo/Niederlande (Maastal)
Länge: 35 km
Verlauf: überwiegend befestigte Radwege durch kleinere Ortschaften, Wald, Feld und Flur, gelegentlich etwas Heide, eine minimale Steigung zwischen Geldern und Walbeck, ansonsten ebenerdige Radwanderung
Rückfahrt: von Venlo/NL mit dem Zug zurück nach Geldern-Goch in Richtung Kleve oder nach Mönchengladbach, Viersen-Boisheim, Kaldenkirchen, Düsseldorf bzw. nach Nettetal mit dem Bus nach Schwalmtal, Viersen, Tönisvorst, St. Tönis, Niederkrüchten; nächste Bahnhöfe: Geldern, Goch, Kleve, Kaldenkirchen, Nettetal-Breyell, Mönchengladbach, Viersen, Viersen-Boisheim; Busbahnhof Geldern: Verbindungen in alle Städte des Umlandes; Autobahnanschlüsse: A 57 Ausfahrt Alpen Rtg. Issum B 57, A 60 Ausfahrt Kerken Rtg. Geldern - Kleve, B 9, A 67 Ausfahrt Straelen, Rtg. Straelen - Geldern
Entdecken: Aulandschaft der Niers, Altstadt von Geldern, Maastal zwischen Arcen/NL und Venlo/NL mit seinem Hafen, der größte und schönste Blumenpark der Benelux Staaten in Arcen - das Kasteeltuinen Arcen, Windmühlen im Spargeldorf Walbeck
Karte: 1 : 50 000 Radwanderkarte Niederrhein Nord - Reichswald-Gocher Heide, RV Verlag Nr. 33534
Einkehr: Cafés, Restaurants und Imbisse entlang der Strecke
Unterkunft: zahlreiche Pensionen und Privatquartiere sowie Ferienwohnungen, in Arcen und Venlo das örtliche Hotel- und Pensionsangebot

Unsere heutige Radwanderung beschert uns eine außergewöhnliche Auswahl an Sehenswürdigkeiten und Erlebnissen. Aber damit nicht genug. Der Streckenverlauf dieser Etappe zwischen Geldern und Venlo/NL gehört mit zu den schönsten der Zwei-Länder-Route zwischen Aachen und Nijmegen/NL. Schon der Besuch des Spargeldorfes Walbeck mit seinen prachtvollen Windmühlen aus dem 15./17. Jahrhundert und dem historischen Ortskern ist ein besonderes Erlebnis. Dem Windmüller beim Mahlen des Korns zuschauen und selbst gebackenes Brot probieren. Die endlosen Spargelfelder, auf denen schon vor Sonnenaufgang fleißige Helfer das köstliche Gemüse stechen. Der Blumenpark des Schlosses Arcen in der Niederlande ist zweifellos der Höhepunkt dieser Radwanderung. Auf 32 Hektar kann man über das Jahr eine ständig wechselnde prächtige Blumen- und Duftvielfalt genießen.. Hinzu kommt der fantastische Tier- und Vogelpark. Inmitten aller Tiere bewegt sich der Besucher, als gehöre er wie selbstverständlich dazu.

Daran schließt sich die Fahrt durch die Leeremarksche -, Lommer - und Schandelosche Heide an, ein wahrer Hochgenuss für die Freunde geruhsamen Radwanderns. Singvögel, Rotwild, Greifvögel, Frösche und unzählige Pflanzen können wir auf dieser Fahrt bewundern.

Steprahter Mühle (Schmalkuhler Weg 5, 47608 Walbeck,
Telefon 0 28 31/9 85 58 und 60 40)

Geöffnet:	von Ostern bis zum ersten Sonntag im September		
	mittwochs bis freitags	14.00 - 18.00 Uhr	
	samstags und sonntags	10.00 - 18.00 Uhr	
Führungen:	nach vorheriger Anmeldung		
Eintritt:	Erwachsene	DM	2,00
	Kinder	frei	
	Gruppen	DM	20,00

Verkaufszeiten im Backhaus:

	mittwochs bis freitags	14.00 - 18.00 Uhr
	samstags	10.00 - 18.00 Uhr
	Mitte April bis Mitte September	
	sonntags	10.00 - 18.00 Uhr
Auskünfte:	Reservierungsservice Geldern, Telefon 0 28 31/39 85 14; Stadtverwaltung, Amt für Tourismus und Fremdenverkehr, Telefon 0 28 31/1 943 3 - rund um die Uhr besetzt	

Schloßpark (Kasteeltuinen Arcen, Arcen/NL)

Geöffnet:	ganzjährig		
Eintritt:	Erwachsene	DM	20,00
	Behinderte	DM	17,50
	Kinder (4 - 14 J.)	DM	11,00
	Gruppen (ab 20 Pers. pro Person)	DM	17,00
	Minigolf	DM	2,50
	Parken	DM	4,00
	(DM akzeptiert)		
	auch mit dem Bus von Venlo zu erreichen, Buslinie 83 ab Bahnhof Venlo, rollstuhlgerechte Zugänge		

9 Von Geldern bis Venlo

Diese Radwanderung beginnt zweckmäßigerweise am **Bahnhof Geldern**. Wer mit dem Auto anreist, der findet auf den Parkplätzen rund um die „Mühlenstraße“ und „Am Mühlenturm“ nahe dem Finanzamt ausreichend Stellmöglichkeiten. Auf Grund der hervorragenden Anbindung Gelderns durch Bus und Bahn kann auf das eigene Kraftfahrzeug weitestgehend verzichtet werden. Wir radeln zunächst die „Mühlenstraße“ hinauf in Richtung Bahnübergang „Burgstraße“, der bei der „DEA“-Tankstelle überquert wird. Für diejenigen, die „Am Mühlenturm“, am Finanzamt oder im Parkhaus bei „Woolworth“ parken, ist folgende Wegebeschreibung hilfreich.

Wir folgen dem „Südwall“ bis zum Parkhaus bei „Woolworth“ und biegen gegenüber in die Anliegerstraße ein. Hier finden wir bereits die ersten Radwegeschilder *2LR/Herrensitz-Route.* Zwischen Gärten und Häusern gelangt man an eine erste Gabelung, wo wir uns rechts halten und nach 15 Metern gleich wieder rechts einbiegen. Auf diesem Weg radeln wir längs einer Kleingartenanlage bis zu einer Treppe, queren dort die Straße und fahren auf der anderen Seite geradezu weiter auf ein Fabriktor zu, an dem der Radweg linker Hand vorbei führt. Nach dreihundert Metern haben wir dann die „Burgstraße“ erreicht, in die wir links einfahren. Voraus sieht man bereits die zuvor erwähnte „DEA“-Tankstelle vor dem Bahnübergang.

Nach den Bahngleisen queren wir die Niers, um gleich hinter der Brücke in die Straße „Am Goltenhof“ links einzubiegen. Der Radweg schlängelt sich am Niersufer entlang durch Felder und Wiesen, bis wir an einem Gewächshaus links einbiegen (Radwegesymbole *2LR* beachten). Bald schon ist die Seniorenanlage „Haus Golten“ erreicht, wo wir dem Radweg durch eine prachtvolle Lindenallee bis zur Hauptstraße folgen, die wir queren, um gleich auf der anderen Seite nach rechts auf dem Radweg weiter zu fahren. Nach 500 Metern radeln wir links in den „St.-Adelheid-Weg“ ein, der uns an einer Gewächshausanlage vorbei führt bis zu einer weiteren Brücke, die uns sicher über eine Straße geleitet. Gleich nach der Brücke halten wir uns rechts und fahren auf der „Neerponter Straße“ geradezu bis an die „Walbecker Straße“, die wir überqueren.

Auf der anderen Seite weisen die Radwegeschilder nach links in Richtung Walbeck. Der Radweg verläuft unter einer sehr schönen Eichenallee, wie sie am Niederrhein ihresgleichen sucht. Nach einigen Kilometern Fahrt erreicht man die „Hollesstraat“, in die wir rechts einbiegen und bis zur Gabelung folgen. Hier halten wir uns halb links und bleiben somit auf der „Hollesstraat“, die uns weiter auf Walbeck zuführt. Nach rund zwei Kilometern wechselt der Straßenname und wir befinden uns nun auf dem „Schmalkuhler Weg“, den wir bis zur Einmündung auf die „Kevelaerer Straße“ benutzen. Bei der Querung von Hauptstraßen ist immer Vorsicht angesagt, da an den meisten Radwegeeinmündungen keine Ampelregelung einge-

Geldern
Hs. Golten
Niers
Niers
Niers
Wachten-
donk
Schmalkuhl
Herongen
Straelen
D
Hinsbeck
Walbeck
Hesekerhof
Lingsfort
Arcen
Lommerheide
Venlo
Nettetal
Kasteel
Arcen
NL
Velden
Lottum
N
Maas
Maas
Broekhuizen

richtet ist. Das nur noch einmal zur Erinnerung. Links voraus rükken die Windmühlen und der Kirchturm von Walbeck ins Blickfeld. Wir gondeln seit geraumer Zeit gemütlich durch ausgedehnte Spargelfelder, deren trapezförmige, zuweilen hunderte Meter lange Pflanzreihen wie sandbraune Straßensperren im Gelände liegen. Auf der anderen Straßenseite rollen wir direkt nach **Walbeck** hinein zur *Steprather Mühle* (15. Jahrhundert), der ersten Attraktion dieser Radwanderung. Hier ist die erste Besichtigung mit „Verkostung" angesagt. An der Mühle halten wir uns halb links (*Radwegesymbol*) und radeln zwischen Bauernhöfen hindurch bis zur „Kevelaerer Straße", in die wir links einfahren. Zur Linken befindet sich ein wunderschöner Rastplatz unter prächtigen Linden, wo sich eine erste Rast einlegen lässt. Ein kurzes Stück Fahrt nur, dann sind wir an der „Walbecker Straße" angelangt, die wir überqueren, um auf der gegenüberliegenden Seite in die „Hochstraße" einzuradeln. Wir achten auf die Radwegesymbole und die Hinweisschilder *Kokermühle - Kokerweg*. Hier bietet sich die Gelegenheit eine der seltenen **Kastenbockwindmühlen** des Niederrheins zu bewundern, die sich nach aufwändiger Restaurierung in einem fantastischen Zustand befindet. Die Mühle stammt aus dem 17. Jahrhundert und ist heute in Privatbesitz. Trotzdem lohnt sich dieser kleine Abstecher, denn ein solches architektonisches Kunstwerk sieht man nicht alle Tage. Über die Hochstraße verläuft unsere Tour bis zur „Luciastraße", in die wir unsere Räder nach rechts einlenken. Wir befinden uns nun im historischen Ortskern von Walbeck (15./17. Jahrhundert), der neben zahlreichen alten Häusern auch einen schönen Brunnen und die *Friedenseiche* vorzuweisen hat. Besonders reizvoll ist der *Rosengarten* neben der Pfarrkirche und der Stadtbücherei. Ein idyllischer Ort, um auch mal für ein paar Minuten länger die Beine hoch zu legen. „Am Walbecker Markt" bietet sich außerdem die Möglichkeit, auf die *Fossa-Route* (sie beschreibt den Verlauf des von den Spaniern im 17. Jahrhundert geplanten Kanals von der Maas zum Rhein) einzuschwenken. Hinweisschilder erklären die genaue Lage des Denkmals und den Routenverlauf. Nun nehmen wir die „Maasstraße" nach links, um nach 200 Metern halb rechts in den „Bergsteg" einzufahren.

Im weiteren Verlauf queren wir die „Ringstraße" (Radwegesymbol *Fossa-Route, Wellsche Heide - rot auf weiß, Herrensitzroute*), bleiben jedoch auf dem Bergsteg, der uns am Sportplatz zur Rechten vorbei direkt in weitläufigen Kiefernwald hineinführt, wo wir schon nach kurzer Zeit ans Freibad gelangen. Gegenüber dem Freibad werden wir auf eine Hinweistafel aufmerksam, auf der ausführlich die Geschichte der „*Fossa Eugeniana*" dargestellt ist, jenes Kanals, durch den die Spanier zu Beginn des 17. Jahrhunderts die Maas mit dem Rhein verbinden wollten.

Auf dem „fietspad“ in Richtung Venlo

Nach dem Freibad biegen wir an der nächsten Wegekreuzung links ab (Symbol *2LR/Herrensitz-Route*) in Richtung Arcen/NL in den Waldweg mit dem Namen „In den Honnen“, der später zur Straße wird. Der Weg schlängelt sich an einer Kläranlage durch dichten Wald vorbei bis zur Hauptstraße „L 480 An der Fossa“. Wir queren die Straße und halten uns auf der anderen Seite gleich rechts. Nach drei Kilometern ist die Einmündung an der „Arcener Straße“ erreicht. Dort biegen wir rechts ein und haben schon nach wenigen Metern den Grenzübergang erreicht. Zahlreiche Verkaufsstände, Geschäfte und Imbissbuden bieten sieben Tage in der Woche von früh bis spät ihre Waren an. Deutsches Geld wird im Grenzbereich überall problemlos angenommen.

Alternativ zu der Strecke über die L 480 gibt es noch eine Fahrt durch den Wald. Allerdings muss man dort auf die praktischen und hilfreichen Angebote der Geschäftsleute verzichten, die einem erst wieder in Arcen zur Verfügung stehen.

Vom Restaurant „Zum Heideblümchen“ biegen wir auf den Radweg der „L 480 An der Fossa“ wie gewohnt rechts ein, folgen diesem jedoch nur bis zur „Maasstraße“ (linker Hand stehen Gewächshäuser), in die wir rechts einbiegen. Dazu müssen wir erneut die L 480 queren. Auf der anderen Seite radeln wir nun über den *2LR* vorbei an einigen Häuschen in wunderschönen Kiefernwald hinein. Dort sehen wir einen *schwarz-rot-goldenen Grenzpfosten*, an dem nochmals Radwegehinweisschilder angebracht sind. Nun schaukeln wir gemütlich über weiche Waldwege bis hinunter zur Abzweigung „Walbecker Weg“, in den wir links einbiegen und auf der linken Seite dem Radweg folgen. So gelangen wir zu einer Campingplatz- und Bungalowanlage, dem „Resort Arcen“ mit seinen Spielplätzen, Wasserrutschen und Bademöglichkeiten. Über den Radweg kommen wir zur Einmündung auf die „Arcener Straße“, die wir queren, um auf der anderen Seite rechts in Richtung Arcen zu rollen.

Wer sich für die erste Route entschieden hat, der fährt nach Passieren des Grenzübergangs noch rund 500 Meter leicht talwärts und gelangt dann automatisch an die Abzweigung nach Arcen, wo wir uns links halten und dem Radwegesymbol *2LR/Herrensitz-Route* folgen. Durch eine uralte und Schatten spendende Eichenallee inmitten urwüchsigen Kiefernwaldes führt nun unser Radweg geradewegs auf Arcen zu.

Die große Kreuzung an der N 271 ist erreicht. Signalanlagen regeln den Übergang (Hinweisschilder beachten). Gleich auf der anderen Seite steht eine riesengroße Werbetafel „Kasteeltuinen – Arcen". Wir brauchen nur noch in den „Lingsforter Weg" einzufahren und haben das Schloss mit dem Park und Tiergehegen nach knapp 300 Metern erreicht. Viel Vergnügen bei der Besichtigung. Nach Beendigung des Ausflugs durch den Blumen- und Tierpark Arcen radeln wir bis zur Kreuzung zurück und queren die N 271 auf dem gleichen Weg. Dort wo der Radweg in den Wald einbiegt, steht ein Schild *„fietspad - Fahrradweg"*. Dort lenken wir unsere Räder rechts ein in Richtung Velden-Venlo.

Das Radwegesymbol hat nun eine Ergänzung bekommen. Zu der *Herrensitz-Route* und dem *2LR* findet sich noch der Hinweis *Maasvallei-Route/2LR* auf der Wegetafel. Fast ohne Widerstand gleiten unsere Räder über beste Radwege durch hochstämmigen Kiefern- und Eichenwald, die *Leeremarksche Heide*, nur gelegentlich unterbrochen durch vereinzelte Wiesen oder Weiden. Dazwischen eingestreut finden sich Teiche und Weiher, aus denen vielstimmig das Konzert der Frösche erschallt.

Irgendwann tauchen an der nächsten Einmündung ein paar Gewächshäuser auf, wo wir uns rechts halten, um nach 200 Metern gleich wieder links in den „fietspad" einzubiegen (diese Wege müssen von Radfahrern benutzt werden!). Geradezu geht die Fahrt, vereinzelte Häuser kommen in Sicht und an der nächsten Abzweigung biegen wir rechts ein (Wegesymbol *2LR-Herrensitz-Route*): Gemütlich rollen wir durch den Kiefernwald und gelangen an eine Wegekreuzung. Hier bietet sich die Möglichkeit, über die *Maasvallei-Route* längs der Maas nach Venlo zu fahren. Diese Strecke führt teilweise durch die Lommer Heide nach Lomm und weiter längs der Maas über Hasselt, Velden und Genooi nach Venlo. Wer Flüsse und Wasser über alles liebt, dem sei diese Strecke empfohlen. Für die anderen gilt es links einzufahren und dem *2LR/Herrensitz-Route* weiter zu folgen. Auch unsere Route durch die Lommer- und Schandelosche Heide hat einiges an Wasser zu bieten, nämlich idyllische Wald- und Heideseen, die so recht zur Erfrischung einladen. Hinweisschilder zeigen beizeiten den Weg an. Unser Radweg schlängelt sich durch den Wald bis zu einer weiteren Einmündung, wo wir uns links halten.

Dann taucht eine weitere Einmündung auf, an der wir erneut links einrollen und dem Wegesymbol *2LR/Herrensitz-Route-Maasvallei-Route* nachfahren. Wir befinden uns immer noch auf dem ausgewiesenen „fietspad", den wir unbedingt zu benutzen haben, auch wenn - nur durch einen Grasstreifen getrennt - gleich nebenan ein Bach und Fahrweg verläuft. Die herrliche Wald- und Heidelandschaft gleitet an uns vorbei und plötzlich sehen wir das Schild „Jagersrust". Das ist eine ganz tolle Gaststätte mitten im Wald, wo es sich herrlich und in Freuden trinken und schmausen lässt. Und einen Spielplatz haben die auch mit Tieren zum Streicheln, eben genau das Richtige für Kinder.

Nach einer angemessenen Stärkung rollen wir weiter bis zur Wege kreuzung, wo wir rechts dem Wegweiser *2LR/Herrensitzroute* folgen, um nach weiteren 100 Metern zur Linken in ausgedehntes Weideland einzubiegen. An der Einmündung des Radweges auf den Asphaltweg bleiben wir links, um nach 20 Metern gleich wieder rechts einzufahren. An der folgenden Wegekreuzung mit den *rot-weißen Baken* radeln wir geradewegs in den „fietspad" ein (Symbol *2LR/Herrensitz-Route*), der nun auf einer längeren Strecke neben einem idyllischen Bächlein verläuft. Bänke und Tische laden unter mächtigen Eichen zum Verweilen ein. Nach rund drei Kilometern gelangen wir erneut an eine Einmündung, wo wir zur Rechten die Ställe einer Rinderzucht sehen. Wir radeln nach links in Richtung Venlo und passieren dabei rechter Hand ein Gehöft mit Pferdekoppel. An der nächsten Wegekreuzung (linker Hand schöne Birkenallee) heißt es für uns rechts und nach 500 Metern erneut rechts. Durch dieses urwüchsige Naturschutzgebiet gondeln wir weiter durch Feld und Flur bis zur Einmündung auf eine Asphaltstraße, wo sich gleich gegenüber ein großer See mit Rastgelegenheit befindet. Hier beginnt das große Wald- und Feuchtgebiet *Zwartwater of Venkvelen*, das in jedem Fall einen längeren Aufenthalt lohnt. Auf der Straße fahren wir anschließend nach links in Richtung Venlo, queren dabei über eine Brücke die A 67 und gelangen über die „Laurens-Jans-Zoon Costerstraat" nach wenigen hundert Metern in das Gewerbegebiet. An der nächsten Kreuzung halten wir uns rechts bis wir an eine weitere Kreuzung mit der N 271 gelangen. Nach Querung der N 271 radeln wir längs einer Nebenstraße in den Stadtteil *Venlo-Genooi* hinein. Zur Linken passieren wir ein Kloster, an das sich der Venloer Stadtpark anschließt. Wir halten uns weiterhin auf dem Radweg mit Symbol *2LR* bis zu einer Kreuzung mit einer weiteren Nebenstraße, die wir überqueren. Dort ist der Radweg etwas nach links versetzt, um auf der anderen Seite gleich nach rechts einzuschwenken. Wir radeln an einer Gemüseplantage mit Gewächshäusern vorbei und gelangen zu einer kleinen Kirche, die zu unserer Linken steht. Dort müssen wir links einbiegen auf den „Maastalweg" (Symbol *Radweg* auch *2LR)*, der am Maasufer entlang direkt nach Venlo führt.

Wer über den Maastalweg nach Arcen und im weiteren Verlauf nach Walbeck und Geldern zurück radeln möchte, muss an dieser Stelle rechts abbiegen! Wir folgen jedoch der Maas stromaufwärts über den Maastalweg bis zur Einmündung „Genooierweg" beim Gebäude der Firma „Océ". Wir überqueren den Parkplatz der Firma, der nur für Radfahrer auch an den Wochenenden befahrbar ist. Am Ausgang des Parkplatzes biegen wir rechts ein in den Fahrweg der „Promenade“ und rollen leicht und unbeschwert entlang des Maasufers auf direktem Weg in das Zentrum von **Venlo**.

Anmerkung zur Maasvallei-Route:

Längs der Maas über die Maasvaille Route auf direktem Weg nach Arcen via Velden überwiegend offenes Wiesengelände in der Maastalaue, wenig Baumbewuchs, lediglich Gehölze und Buschwerk. Im Sommer große Wärmeentwicklung möglich, die das Radfahren beschwerlich machen kann.

Anmerkung zur 2LR/Herrensitz-Route:

Auf holländischer Seite fast durchgängig dichter Mischwald-Baumbestand mit Teichen und Bachläufen sowie gelegentlichen Freiflächen (Wiesen, Felder, Äcker). Auch bei hochsommerlichen Temperaturen bleibt das Radfahren erholsam.

10 Die Provinz Gelderland

Herrensitze, Wasser, Wald und Heide

Start/Ziel: Walbeck/Niederrhein
Länge: 46 km
Verlauf: Rundfahrt, überwiegend befestigte Radwege durch kleinere Ortschaften, Wald, Feld, Flur und Heide, ebenerdige Radwanderung
Rückfahrt: von Geldern mit dem Zug zurück in Richtung Kleve oder nach Mönchengladbach, Viersen-Boisheim, Kaldenkirchen, Düsseldorf bzw. mit dem Bus von Geldern nach Kleve, Goch, Kevelaer, Xanten, Kempen;
nächste Bahnhöfe: Geldern, Goch, Kleve, Kevelaer; Busbahnhof Geldern, Verbindungen in alle Städte des Umlandes, so nach Goch, Kevelaer, Xanten, Kleve;
Autobahnanschlüsse: A 57 Ausfahrt Alpen Rtg. Issum B 57, A 60 Ausfahrt Kerken Rtg. Geldern - Straelen - Kleve, B 9, A 67 Ausfahrt Straelen, Rtg. Straelen - Geldern
Entdecken: Aulandschaft des Maastals, historischer Ortskern von Walbeck, Arcen/NL, Broekhuizen/NL, Blitterswijck/NL, größter und schönster Blumenpark der Benelux Staaten in Arcen - das Kasteeltuinen Arcen, die Kastelle in Ooijen/NL, Gunhof/NL, Haus Steprath und Schloss Walbeck/D, Windmühlen im Spargeldorf Walbeck
Karte: 1 : 50 000 Radwanderkarte Niederrhein Nord - Reichswald-Gocher Heide, Regio Cart RV Verlag Nr. 33534
Einkehr: Cafés, Restaurants und Imbisse entlang der Strecke
Unterkunft: zahlreiche Hotels, Pensionen und Privatquartiere sowie Ferienwohnungen

Wir besuchen im Verlauf dieser Tour ausgiebig unsere holländischen Nachbarn, die wir ja schon auf einigen Touren zuvor kennen gelernt haben. Dass unser Start- und Zielort Walbeck ist, hat einen einfachen Grund: Es handelt sich nämlich um eine Rundtour. Diese Rundtour bringt den Vorteil, dass man sich den zuweilen etwas umständlichen Transfer von Gepäck zum nächsten Etappenort sparen kann. Wer zudem ein paar Tage länger im Spargelland bleibt, was wir uneingeschränkt empfehlen können, dem öffnet sich eine schier unerschöpfliche Fundgrube an Radwanderwegen zwischen Rhein und Maas.

Auf dieser Fahrt tauchen wir in das Maastal ein und begleiten den Strom ein gutes Stück auf seinem Weg zur Nordsee. Winzige Ortschaften mit dem Flair einer Puppenstube werden von uns durchradelt, die weitläufige Aulandschaft wechselt mit dichten Kiefernwäldern und verwunschenen Heiden. Aus dem dichten Grün mächtiger Eichen erheben sich die Türme und Zinnen wuchtiger Kastelle und Herrensitze und künden von Macht und Reichtum einer längst vergangenen Zeit. Unsere Fahrt führt uns durch eine der schönsten Heidelandschaften der Provinz Gelderland, die Wellsche Heide, bevor wir bei Haus Gerber wieder deutschen Boden erreichen. Durch das Rietvenn und die Steprather Heide gelangen wir schließlich nach Walbeck zurück.

Steprahter Mühle (Schmalkuhler Weg 5, 47608 Geldern-Walbeck, Telefon 0 28 31/9 85 58 und 60 40)

Info: siehe Kapitel 9

Schlosspark (Kasteeltuinen Arcen, Arcen/NL)

Info: siehe Kapitel 9
Auskünfte: Kasteeltuinen Arcen/NL,
Telefon 00 31/(0)7 74 73 18 82, Fax 25 01

Café/Brauerei Herzog Jan

Geöffnet:	März bis Oktober	
	dienstags bis freitags	
	und sonntags	11.00 - 20.00 Uhr
	samstags	11.00 - 22.00 Uhr
	montags	geschlossen
	November bis Februar	
	dienstags bis freitags	11.00 - 20.00 Uhr
	samstags	11.00 - 22.00 Uhr
	sonntags	13.00 - 20.00 Uhr

Brauereibesichtigung nach Absprache von Dienstag bis Samstag möglich. Terminabsprache im Café abstimmen

Fähre Broekhuizen:

täglich von	7.30 - 22.00 Uhr
sonntags	9.00 - 22.00 Uhr
Preis pro Pers. mit Fahrrad DM	1,50

Wir beginnen diese Radwanderung in **Walbeck** am **Waldfreibad**. Wer mit dem Auto anreist, parkt idealerweise auf dem teilweise schattigen Waldparkplatz direkt an der Freizeitstätte. Wer mit dem Fahrrad unterwegs ist, folgt den Hinweisschildern in Walbeck *Freizeitstätte - Freibad* bis zum Waldfreibad. Von jetzt an radeln wir zunächst bis Arcen/NL wie schon auf der Tour Geldern-Venlo (Kapitel 9) beschrieben.

Nach dem Freibad biegen wir an der nächsten Wegekreuzung links ab in die Straße „In den Honnen" (Symbol *2LR/Herrensitz-Route*) in Richtung Arcen/NL. Vorbei führt der Weg an einer Kläranlage über die Straße „In den Honnen" bis zur Hauptstraße L 480 „An der Fossa". Zur Linken liegt das Gartenrestaurant „Zum Heideblümchen".

Wir queren die Straße und halten uns auf der anderen Seite gleich rechts. Nach drei Kilometern ist die Einmündung an der „Arcener Straße" erreicht. Dort biegen wir rechts ein und haben schon nach wenigen Metern den Grenzübergang erreicht. Zahlreiche Verkaufsstände, Geschäfte und Imbissbuden bieten sieben Tage in der Woche von früh bis spät ihre Waren an. Alternativ zu der Strecke über die L 480 gibt es noch eine Fahrt durch den Wald. Vom Restaurant „Zum Heideblümchen" biegen wir auf den Radweg der L 480 „An der Fossa" rechts ein, folgen diesem jedoch nur bis zur „Maasstraße" - linker Hand stehen Gewächshäuser, dort biegen wir rechts ein. Dazu müssen wir erneut die L 480 queren. Auf der anderen Seite radeln wir nun über den *2LR* vorbei an einigen Häuschen in den wunderschönen Kiefernwald hinein. Dort sehen wir einen *schwarz-rot-goldenen Grenzpfosten*, an dem nochmals Radwegehinweisschilder angebracht sind. Nun schaukeln wir gemütlich über weiche Waldwege bis hinunter zur Abzweigung „Walbecker Weg", in den wir links einbiegen und auf der linken Seite dem Radweg folgen. So gelangen wir zu einer Campingplatz- und Bungalowanlage, dem „Resort Arcen" mit seinen Spielplätzen, Wasserrutschen und Bademöglichkeiten. Über den Radweg erreichen wir die Einmündung auf die „Arcener Straße", die wir queren, um auf der anderen Seite rechts in Richtung Arcen zu rollen.

Wer sich für die erste Route entschieden hat, der fährt nach Passieren des Grenzübergangs noch rund 500 Meter leicht talwärts und gelangt dann automatisch an die Abzweigung nach Arcen, wo wir uns links halten und dem Radwegesymbol *2LR/Herrensitz-Route* folgen. Durch eine prachtvolle Eichenallee inmitten urwüchsigen Kiefernwaldes führt nun unser Radweg geradewegs auf Arcen zu. Beidseitig flankieren uns die schmucken Häuschen der holländischen Nachbarn und immer wieder bieten Cafés, Raststätten und Geschäfte ihre Waren an. Die große Kreuzung an der N 271 ist erreicht. Signalanlagen regeln den Übergang - Hinweisschilder beachten! Gleich auf der anderen Seite steht eine riesengroße Werbetafel „Kasteeltuinen - Arcen". Wir brauchen nur noch in den „Lingsforter Weg" einzufahren und haben das **Kasteeltuinen Arcen** nach knapp 300 Metern erreicht. Nach Beendigung des Ausflugs durch den Blumenpark verlassen wir Kastell Arcen und setzen unsere Fahrt ein kurzes Stück in Richtung Arcen-Centrum fort. Dazu halten wir uns auf dem Radweg mit dem Symbol *Herrensitz Route* (eine symbolisierte Burg), dem wir bis zur nächsten Einmündung folgen. Wir umfahren das Kastell und den Park bis zu einer Straße, in die wir rechts einbiegen. Dabei queren wir eine Brücke und achten auf die Hinweisschilder *Arcen-Broekhuizen-Fähre.* Dann ist **Arcen** erreicht. Das Wasser der Maas glitzert im Sonnenlicht und zur Linken erhebt sich der Turm einer alten Wehranlage aus dem 15. Jahrhundert.

Wir befinden uns auf der „Schans“ und rollen leichtrādrig in den idyllischen Ort, der uns mit typisch holländischem Flair begrüßt. Durch malerische, verwinkelte Gassen mit alten Häusern erreichen wir den „Raadhuisplein“ mit Rathaus und folgen weiterhin dem Symbol *Herrensitz-Route.* An der Stadtausfahrt empfängt uns eine prächtige Kastanienallee, die uns ein ansehnliches Stück Strecke wohl tuend Schatten spendet. Achtet auf die Hinweisschilder *Venray - Nijmegen*, die uns zunächst die Richtung anzeigen. Dann gelangen wir an der Kreuzung „Kruisweg“ an die Abzweigung zur Fähre nach *Broekhuizen - Horst*, in die wir links einbiegen. Linker Hand empfiehlt sich ein Café, das auch die Besichtigung der *Herzog Jan Brauerei* organisiert, die rechter Hand steht. Ein Erlebnis, das man sich nicht entgehen lassen sollte.

Nach Querung der Maas sind wir schon in **Broekhuizen** und radeln direkt auf ein Café zu, wo Tische und Stühle schon vor der Tür stehen. Dort richten wir uns nach dem Wegesymbol *Herrensitz-Route - Kasteel Ooijen* und fahren rechts ein in den „Veenweg“, dem wir bis zur Hauptstraße folgen. Dort biegen wir rechts ein auf Blitterswijk zu und wechseln nach 20 Metern auf den Radweg zur linken Seite über. Geradezu geht die Radtour bis zu einer Einmündung, an der wir links dem Hinweis *Broekhuizenvorst-Tienray* nachfahren. Die holländischen Radwegesymbole sind hier wieder *rot auf weiß - Blitterswijk - Wanssum.* Durch *Broekhuizenvorst* verläuft nun unsere Radwanderung bis zu einer Kleinparkanlage auf der rechten Seite, wo sich eine Kirche befindet. Dort lässt sich unter hohen Linden vorzüglich rasten. Wir biegen nach der Kleinparkanlage rechts ab und richten uns weiter nach dem Wegweiser *Blitterswijk-Wanssum* und dem Symbol der *Herrensitz-Route.* Über den „Ooijensweg“ radeln wir gemütlich bis zur nächsten Einmündung, wo es für uns links heißt, denn wir fahren in die „Broekstraat“ ein. Durch eine wunderschöne Eichenallee gondeln wir auf das mächtige *Kasteel Ooijen* aus dem 16. Jahrhundert zu, das wir bereits zwischen hohen Bäumen erblicken. Gleich rechts vor den dicken Eichen ist die Einfahrt zum Kastell und Campingplatz. Ein schöner Park mit Teich ist uns so recht willkommen für die Rast.

Nach der ausgiebigen Besichtigung, Erfrischung und Kastellrundfahrt bis zum Ausgang geht es auf der Straße weiter, in die wir rechts einbiegen. Maßgebend ist auch hier wieder das Wegesymbol

Kevelaer-
Twisteden
Ratshof
Kobes
Schoppen
Hs. Stoprath
Heikamp
Zollamt
Zoll-
siedlung
Auwell
Lenshof
D
Kuckuck
Brande-
molen
Lingsfort
Leermarksche
Heide
Lommerheide
Boerenheide
Feriendorf
Geldernsch Kanal
Kerstenhof
Watershof
Bruckers
Bollenhof
NL
Arcen
Lomm
Kasteel
Arcen
Wemb
Wembscher
Bruch
Hs. Gerber
Pikmeeuwenwater
De Hamert
Aastbroek
Borggraef
Broekhuizen
Maas
Lottum
Kasteel
Ooijen
Broek-
huizenvorst
Looierheide
Zeelberg
De Heide
Osterbos
Speijkenhof
Wellse
Heide
Wellerloo
Legert
Schuitwater
Houthuizer
Heide
Swolgen
Welsche Hut
Gunhof
Gun
Knikkerdorp
Donkhof
Megelsum
Wanssum
Blitterswijk
Ob den
Nieuwenhof
Tienraij
Winveld-
hoeve
Well
Meerlo
Elchout
Eikelenbosch
Melderslo
N

Herrensitz-Route. Am Ortsausgang steht zur Rechten eine Kapelle, die wir passieren. Nach weiteren 300 Metern radeln wir links in die „Nachtigaalstraat“ ein, die sich ein gerüttelt Stück durch Wald, Feld und Flur schlängelt. An der ersten Abzweigung halten wir uns links (als Orientierung dient neben dem Wegesymbol auch ein *großer Hecht* - Werbetafel mit der Aufschrift „Gubbels Vijer“) und fahren an einem herrlich gelegenen See vorbei, an dem sich wunderbar pausieren lässt. Nach der Umrundung des Gewässers heißt es an der nächsten Wegekreuzung links. Der Radweg verläuft nun zwischen einem Bach und Wassergraben, zu deren Seiten sich Wiesen und Weiden erstrecken. Eine weitere Wegekreuzung wird erreicht, und wir nehmen den „Kasteelweg“ zur Rechten.

Schanzenturm aus dem 15. Jahrhundert

Als Orientierung dient neben dem Wegesymbol ein großes Wasserreservoir, das sich gleich neben dem „Kasteelweg“ befindet. Rechts des Weges erstreckt sich ein ausgedehntes Waldgewässer, wo Angler und Fischer ihrer Tätigkeit nachgehen. Durch eine lang gestreckte Eichenallee radeln wir weiter in Richtung Blitterswijk. Kurz vor der Ortschaft Gun erhebt sich rechts aus Wald und Wiesen *Haus Gunhof*, ein mittelalterliches Kastell (16. Jahrhundert), umgeben von einem Wassergraben. Kurz darauf ist *Gun* und die nächste Straßeneinmündung erreicht, wo wir unsere Räder nach rechts lenken. Gleich gegenüber steht das Haus *Oud-Linde* (als Orientierung). Nach rund 100 Metern werden wir auf eine Sammlung alter Bauernfeldgeräte aufmerksam, die sich auf einem Bauernhof am rechten Straßenrand befinden. Anschauen lohnt sich in jedem Fall, denn die Stücke sind nicht nur sehr alt, sondern auch sehr interessant. Weiter läuft unser Radweg über die Straße „Gun“ bis zu einem Wegedreieck, wo wir rechts einfahren und dem Wegesymbol *Herrensitz-Route/Maas route LF 3b* in Richtung Megelsum folgen, in dem wir kurz darauf ankommen. Der Weg schlängelt sich zwischen Bauernhöfen, Weiden und Wiesen auf die ausgedehnten Auwälder des Maastales - die *Hoge Heide* zu. Vorbei geht die Fahrt an einem idyllisch gelegenen Gewässer, wo Angler in Ruhe auf guten Fang hoffen. Dann wird der Campingplatz passiert und schon befinden wir uns inmitten tiefsten Grüns weitläufiger Kiefernwälder, die auf dem sandigen Boden ausgezeichnet gedeihen. Zur Rechten tauchen im dichten Wald die ersten beeindruckenden Massiv-Holzhäuser auf, die sich kaum von der Umgebung unterscheiden. Sie gehören zum Wohnpark Ruikenvorst, der nach völlig neuartigen, ökologisch-architektonischen Kenntnissen errichtet wird. Unsere Radwanderung folgt der Tourenauszeichnung über die „Berkensstraat“ hinein nach *Blitterswijk*. Dann sind wir an der Kirche angelangt, wo sich ein Parkplatz mit einem Café befindet, das zu einem gemütlichen Plausch einlädt. Wir halten uns halb links und orientieren uns am Wegesymbol *Herrensitz-Route* und *LF 3b Maas route*, das uns zunächst halb links in Richtung Kindergarten führt, um nach 50 Metern rechts in die „Antoniusstraat“ einzuschwenken. Über diese Straße durchfahren wir eine dörfliche Ansiedlung und gelangen zu einer Einmündung, an der wir rechts abbiegen in Richtung N 270 nahe der Ortschaft Wanssum. Dann sehen wir bereits die mächtige Maasbrücke - auch „Königinnenbrücke“ genannt, die sich in kühnem Bogen über den Strom spannt. An der N 270 radeln wir nach rechts und nach 300 Metern wieder rechts auf den Radweg in Richtung *Venlo - Nijmegen* (*rot auf weiß*). Nun überqueren wir die Maas in voller Breite und genießen den herrlichen Ausblick in das weite Maastal und auf die Ortschaften, die wir vor einiger Zeit durchfahren haben.

An der Brückenabfahrt weist uns ein Schild nach *Well*. Dort kann ebenfalls ein Kastell (15. Jahrhundert) besichtigt werden. Wir nehmen diesen Weg und unterqueren dabei die Brücke bis zu einer Abzweigung, in die wir links einbiegen hinunter zum Maasufer. Uns begleiten weiterhin die Symbole *Herrensitz-Route* und *LF 3b Maas route*.

Nun radeln wir gemächlich die Maas aufwärts und lassen uns vom warmen Westwind ohne Pedaltritt längs des Ufers schieben. Die holländischen Radwege sind so gut und eben, dass man kaum große Kraftanstrengung einsetzen muss, um hier Fahrrad zu fahren. So wie die Radtour Geldern-Venlo ist auch diese Fahrt von besonderer Attraktivität, Güte und landschaftlicher Schönheit geprägt und wir sollten jeden Augenblick der Fahrt, den wir im Sattel oder bei einer Rast verbringen, genießen.

Eine Kapelle mit altem Lindenbaum kommt in Sicht, an der wir halb rechts vorbei radeln. Unsere Herrensitz-Route hat noch eine Begleiterin bekommen, die *Kruisen- und Kapellenroute, gelbe Schrift auf grünem Grund*. Längs der Maas zieht sich der Radweg hin und gibt den Blick frei auf den behäbig in seinem Bett fließenden Strom, auf dem hin und wieder ein größeres Frachtschiff zu sehen ist. Paddelboote und Motoryachten sind die Hauptnutznießer des Flusses, über den man bis nach Frankreich und weiter über Kanäle und die Rhône bis ins Mittelmeer gelangen kann.

Am nächsten Wegedreieck heißt es für uns rechts einbiegen auf den *fietspad* (*weiß auf blauem Grund*) und dem Asphaltweg weiter nachfahren. Dieser Weg ist ausschließlich für Fahrradfahrer da. An der nächsten Abzweigung halten wir uns links und queren dabei eine kleine Pumpstation. Weiterhin gilt für uns das Symbol *Herrensitz-Route*. Vorbei an Campingplatz und ausgedehnten Spargelfeldern gondeln wir bis zur Hauptstraße, der N 271, die wir am Eckcafé „De Smid" queren. Das Café verfügt über einen schönen Biergarten, wo es sich gemütlich sitzen und rasten lässt. Damit haben wir die Ortschaft *Wellerloi* erreicht, die wir auf der anderen Seite der N 271 durchfahren. Über die „Catharinastraat" rollen wir bis zur Einmündung in den „Looierweg", halten uns dort halb links und radeln dem Symbol *Herrensitz-Route* nach in den Ortskern. Rechter Hand liegt der Marktplatz mit Café, Kirche und einem SB - Laden, wo der Proviant aufgefrischt werden kann. Ein weiteres Hinweisschild taucht auf, das wir bereits von einer anderen Tour kennen: *Wellse Heide*. Der Weg führt aus dem Ort hinaus durch Feld und Flur hinein in die waldreiche Landschaft der *Wellse- und Looierheide*, die sich beiderseits des Radweges erstreckt. Gleich am Eingangsbereich in die Heide befindet sich ein Rastplatz, der zu einem vergnüglichen Picknick einlädt und auch die Möglichkeit bietet, von hier aus die Heide näher zu erkunden. Unser Radweg führt beinahe schnurgerade auf die deutsche Grenze zu, die nach wenigen Kilometern erreicht sein wird. Zunächst passieren wir den Sportplatz „Bos en Heide", wo die Fußballer und Sprinter unter euch zwischendurch einen Spurt einlegen können. Die Fahrt von Wellerloi durch die Heide gehört mit zu den schönsten Abschnitten dieser Tour.

Immerzu geradeaus mit leichten Schlenkern verläuft der Weg zwischen Spargelfeldern und Gemüsekulturen. Bauernhöfe und Gewächshäuser flankieren die Fahrt über *Tuindorp*, wo wir nach 500 weiteren Metern wieder deutschen Boden unter die Reifen bekommen. Linker Hand liegt der große „Traberpark" mit Café und Casino, ein Campingwohnpark der Superlative. Teile des Geländes gehören noch zur *Gagelheide*, die Bezeichnung für einen besonderen Baumbewuchs, der durch Verbiss von Weidetieren entsteht. Über den „Gerberweg" radeln wir nun in Richtung *Twisteden*, wo die alte Pfarrkirche und einige historische Häuser durchaus sehenswert sind. An der nächsten Einbiegung teilt sich die Herrensitz-Route. Es besteht die Möglichkeit zur Weiterfahrt zum berühmten Wallfahrtsort Kevelaer, nach Uedem und Goch. Dazu müsste man die linke Abzweigung nehmen. Interessant auch für alle, die sich den großen

Pflanzen- und Vogelpark *Plantaria* bei Twisteden anschauen möchten, der uneingeschränkt zu empfehlen ist.

Wir bleiben jedoch auf dem rechten Abzweiger und radeln über den „Hoensbergweg" bis zur *Kapelle des Heiligen Quirinus*, die sich links an der Straße befindet. Gleich gegenüber beginnt die „Quirinusstraße", eine prachtvolle Birkenallee, in die wir nach rechts einfahren. An der nächsten Einmündung heißt es rechts und wir setzen unsere gemütliche Landpartie fort über die „Lindenstraße" bis zu einer weiteren Einmündung, wo sich ein großer Lindenbaum erhebt. Dort lenken wir die Fahrräder nach links und durchfahren weiträumige Spargel- und Gemüsefelder, bis wir zu einem kleinen Eichenhain gelangen. Dort stoßen wir auf einen Radweg, dem wir nach rechts folgen und nach 20 Metern nach links verlassen. Die Route verläuft nun durch Weideland, später vorbei an Gewächshäusern bis zur Straße, wo es für uns rechts heißt. Nach knapp 400 Metern verlassen wir die Straße und biegen beim Ortsschild *Kleinkevelaer* ab in den „Jülicher Weg". Zahlreiche Wegesymbole tauchen auf, so das *rot-weiße Wellsche Heide*, der Radweg *R9*, die *Herrensitz-Route*, die *Niederrheinroute* und *die Niersroute 2*. Alle führen zunächst leicht hügelan in den Wald hinein. Zur Linken kommt die Ortschaft *Lüllingen* in Sicht, dann umfangen uns die dichten Laub- und Nadelwälder der *Steprather Heide*. Die Erikenfelder sind nicht zu übersehen, sie geben dem Gelderland im August seine prägende Farbe. Nicht minder umfangreich dehnen sich die Spargelreihen aus, die nicht selten Längen von mehr als einem Kilometer erreichen. Nach weiteren 150 Metern biegen wir links ein und haben gleich einen schattigen Rastplatz vor uns. Das Dorf *Spitzfeld* mit seinen Gewächshäusern macht auf sich aufmerksam und wir gelangen an eine Wegekreuzung, wo wir rechter Hand in eine Anliegerstraße einradeln. Links befinden sich Gewächshäuser, rechts einige Wohnhäuser. Zwischen Spargelbeeten und Erikenzuchtplantagen verläuft unser Weg bis zum Waldrand, wo rechter Hand in einem ausgedehnten Feuchtgebiet die Frösche quaken. Dann erfolgt die Einfahrt in den Wald bis zur Wegekreuzung „Broecksteg", in den wir links einfahren. Durch Wald und Flur geht die Tour bis zu einer weiteren Wegekreuzung, an der wir uns rechts halten und dem Symbol *Herrensitz-Route* weiterhin folgen.

Dann gelangen wir an die Einmündung zur Straße „Am Broeckelchen", wo wir uns rechts halten und durch eine fantastische Eichenallee direkt auf *Haus Stepprath* (16. Jahrhundert) zu radeln. Leider ist das Haus nur von außen zu betrachten, aber die gesamte Anlage ist in einem sehr guten Zustand und zweifellos einen Aufenthalt wert.

In der Wegegabelung vor dem Herrensitz steht eine wundervolle alte Linde, die fast so viele Jahrhunderte auf der Rinde hat wie ihre Schwester an der Walbecker Kirche. An dieser Linde biegen wir links ein und fahren über den Radweg in den tiefen Kiefernwald hinein, der uns bis Schloss Walbeck und darüber hinaus in seinen duftenden Mantel hüllt. Im Sommer und Herbst lohnt eine Steinpilzsuche, denn die Kiefernwälder sind dafür die beste Voraussetzung. So gelangen wir zu der Straße „Am Schloß Walbeck", der wir bis zum Wald folgen, wo es halb links weiter geht (Radwegesymbole beachten) und dann geradezu bis an die Erikenfelder, wo wir rechts einschwenken. Nach 200 Metern ist rechter Hand das **Schloss Walbeck** (14. Jahrhundert) erreicht. Leider ist auch dieses Schloss nicht zu besichtigen, da es von einem christlichen Verein für Seminare und Veranstaltungen genutzt wird. Trotzdem bietet die quadratische Vierturmanlage einen imposanten Anblick. Nun radeln wir weiter geradeaus bis zur nächsten Abzweigung, wo wir uns rechts in Richtung Freizeitgelände/Freibad weiterbewegen. An der *rot-weißen Barriere* biegen wir links ein und fahren längs einer Kleingartenkolonie weiter am Waldrand entlang. Dann ist eine weitere Abzweigung erreicht, an der wir rechts einbiegen und dem Wegesymbol über die Straße „In den Honnen" folgen. Auf diesem Weg genießen wir abschließend noch eine traumhafte Fahrt durch weitläufigen Kiefernwald bis zu einem weiteren Wegekreuz, wo wir links einradeln in den „Bergsteg", über den wir direkt zur Freitzeitstätte, zum Freibad und zum **Parkplatz** gelangen.

11 Die Kaiserstadt Xanten

Römerlager, Traktoren und Heißluftballone

Start: Xanten - Archäologischer Park
Ziel: Geldern
Länge: 38 km
Verlauf: überwiegend befestigte Radwege durch kleinere Ortschaften, Wald, Feld und Flur, gelegentlich sandig-humose Abschnitte, eine leichte Steigung zwischen Xanten und Sonsbeck, ansonsten ebenerdige Radwanderung
Rückfahrt: von Geldern mit dem Zug zurück in Richtung Kleve-Nijmegen oder nach Mönchengladbach, Viersen, Düsseldorf bzw. nach Sonsbeck, Xanten oder Kempen mit dem Bus;
nächste Bahnhöfe: Xanten, Geldern, Goch, Kleve, Wesel, Emmerich;
Busbahnhof Geldern: Verbindungen in alle Städte des Umlandes, so nach Goch, Kevelaer, Xanten, Kleve, Kempen, Wesel;
Autobahnanschlüsse: A 57 Ausfahrt Alpen Rtg. Issum B 57, A 60 Ausfahrt Kerken Rtg. Geldern - Kleve, B 9, A 67 Ausfahrt Straelen, Rtg. Straelen - Geldern
Entdecken: sanftwellige Moränenlandschaft der Sonsbecker Schweiz, Aulandschaft der Niers, Altstadt von Geldern, Windmühlen und Herrensitze von Xanten bis Geldern, Schlösser und Burgen, mittelalterliche Städtchen, römische Kaiserstadt Xanten mit Archäologischem Park, Altstadt von Xanten mit Dom St. Viktor, Vogelschutzgebiet Bislicher Insel
Karte: 1 : 50 000 Radwanderkarte Niederrhein Nord - Reichswald-Gocher Heide, Regio Cart RV Verlag Nr. 33534
Einkehr: zahlreiche Möglichkeiten entlang der Strecke
Unterkunft: Wohnen im Turm, Klever Tor am Nordwall, das antike Übernachtungs-Erlebnis, Tourist Info Xanten, Telefon 0 28 01/77 22 98, 77 22 26, Fax 7 16 65, zahlreiche Pensionen und Privatquartiere sowie Ferienwohnungen im Streckenverlauf
Auskünfte: Internet: www.xanten.de,
e-Mail: touristik-xanten@t-online.de

Unsere heutige Radwanderung beschert uns eine außergewöhnliche Auswahl an Sehenswürdigkeiten und Erlebnissen. Der Höhepunkt dieser Tour ist zweifellos die Kaiserstadt Xanten mit dem Archäologischen Freizeitpark. Aber damit nicht genug. Der Streckenverlauf dieser Etappe zwischen Xanten und Geldern zählt zu den landschaftlich herausragenden im Gebiet des nordwestlichen Niederrheins. Der Besuch der Stadt Xanten mit ihren prachtvollen Windmühlen aus dem 15./17. Jahrhundert, dem historischen Ortskern mit wuchtigem Dom St. Viktor sowie dem Römerpark ist ein besonderes Erlebnis. Dem Windmüller beim Mahlen des Korns zuzuschauen und selbst gebackenes Brot zu probieren, das ist in der Kriemhildmühle täglich möglich. Im Amphitheater in Birten kann man lebendige Geschichte in zweitausendjähriger Umgebung erleben. Die schier endlosen Mischwälder, die sanftwellige Hügellandschaft der Sonsbecker Schweiz und die Fahrt durch verträumte Aulandschaften längs der Niers sind weitere Höhepunkte dieses Radlertages.

Der Sonnenaufgang über dem Niederrhein zwischen Xanten und Sonsbeck ist von ganz besonderer Reinheit und Farbenpracht. Früh aufstehen lohnt sich in jedem Fall. Herrensitze, Schlösser, Kirchen und Kapellen runden das Bild dieser Radwanderung ab. Ein Leckerbissen für Technikfans stellt das Traktorenmuseum auf dem Pauenhof in Sonsbeck dar. Eine Besichtigung ist unbedingt zu empfehlen. Schließlich Schloss Haag (14. Jahrhundert) nahe Geldern, wo sich unter stattlichen Eichen und Mammutbäumen herrlich träumen und rasten lässt. Als Abschluss noch ein Spaziergang durch die Gelderner Innenstadt mit ihren alten Häusern und verwinkelten Gassen, bevor die Radlerbeine endlich Ruhe finden.

Archäologischer Park Xanten (Wardter Straße, Verwaltung:
Trajanstraße 4, 46509 Xanten,
Telefon 0 28 01/7 12-1 56)

Geöffnet: 1. März bis 30. November täglich 9.00 - 18.00 Uhr
1. Dezember bis 28. Februar täglich 10.00 - 16.00 Uhr

Eintritt: Erwachsene DM 9,00
Kinder und Jugendliche DM 3,50
Gruppen pro Pers. DM 8,50

Führungen: nach vorheriger Anmeldung

Regionalmuseum Xanten (Telefon 0 28 01/7 12-1 56)

Geöffnet: 1. Mai bis 30. September
dienstags bis freitags 9.00 - 17.00 Uhr
samstags, sonntags, feiertags 11.00 - 18.00 Uhr
1. Oktober bis 30. April

	dienstags bis freitags	10.00 - 17.00 Uhr	
	samstags, sonntags, feiertags	11.00 - 18.00 Uhr	
Eintritt:	Erwachsene	DM	4,00
	Kinder und Jugendliche	DM	2,00
	Gruppen pro Pers.	DM	3,50
Führungen:	nach vorheriger Anmeldung		

St. Viktor Dom Xanten (Kath. Propstei St. Viktor, Kapitel 8, 46509 Xanten, Telefon 0 28 01/71 31 34)

Geöffnet:	1. März bis 31. Oktober	
	montags bis samstags	10.00 - 18.00 Uhr
	sonntags	12.30 - 18.00 Uhr
	1. November bis 28./29. Februar	
	montags bis samstags	10.00 - 17.00 Uhr
	sonntags	12.30 - 17.00 Uhr
Eintritt:	frei	
Führungen:	nach vorheriger Absprache	

Rundgang durch Xanten: vom 1. Mai bis 30. September

Führung:	samstags ab Rathaus	11.00 Uhr

Verkaufszeiten im Backhaus und Besichtigung der Krimhildmühle (Nordwall 5, 46509 Xanten)

Geöffnet:	montags	14.00 - 18.30 Uhr
	dienstags bis freitags	8.30 - 18.30 Uhr
	samstags und sonntags ab ca.	11.00 Uhr
Eintritt:	frei	

Traktorenmuseum Pauenhof (Balberger Straße 72, 47665 Sonsbeck, Telefon 0 28 38/22 71)

Geöffnet:	dienstags bis sonntags	10.00 - 18.00 Uhr	
	montags	geschlossen	
Eintritt:	Erwachsene	DM	5,00
	Kinder	DM	3,00
	Familien	DM	12,00

Bootsverleih Hafen Wardt und Vynen:
witterungsabhängig,Telefon 0 28 01/7 01 28,
Telefon 0 28 04/14 80

Auskünfte: Tourist-Information Xanten, Freizeit & Fremdenverkehr Telefon 0 28 01/77 22 38 und 77 22 98, Fax 77 22 09; Internet: www.xanten.de; e-Mail: tourist-Xanten@t-online.de

11 Die Kaiserstadt Xanten

Auskünfte: Reservierungsservice Geldern, Telefon 0 28 31/39 85 14; Stadtverwaltung, Amt für Tourismus und Fremdenverkehr, Telefon 0 28 31/1 94 33 rund um die Uhr besetzt

Besonderes: Die Firma „Balloon Operating" veranstaltet Ballonfahrten im Raum Niederrhein (Kevelaer). Der Treffpunkt zu einer Fahrt ist der Parkplatz neben dem Hallenbad am „Hoogemittagsweg" in Kevelaer.

Geöffnet: April bis September montag bis freitags 8.00 - 12.00 Uhr
Oktober bis März montags bis freitags 9.00 - 12.00 Uhr

Auskünfte: Telefon 0 28 01/9 02 98, Fax 70 51 18

Für die Erkundung Xantens und seiner näheren Umgebung im Besonderen und des Streckenverlaufs im Allgemeinen sollte man schon zwei bis drei Tage Aufenthalt einplanen. Es gibt so viel zu sehen und zu erleben, das unmöglich an nur einem Tag „abgearbeitet" werden kann. Idealerweise reist der Tourist mit der Deutschen Bahn nach Xanten. Vom Bahnhof aus geht es über die Bahnhofstraße in acht Minuten schnurgerade zum Dom und damit zur Stadtmitte. Wer mit dem eigenen Fahrzeug anreist, sollte sich seinen Stellplatz auf dem Parkplatz des Archäologischen Parks sichern. Der ist gebührenfrei und für Radtouren, Spaziergänge und Besichtigungen nahezu ideal. Womit man seine Radwanderung beginnt, ist im Grunde nicht so wichtig. Unsere Empfehlung für den ersten Tag in Xanten sieht so aus, dass zunächst der **Archäologische Park** ausgiebig inspiziert wird. Das Amphitheater, die Thermen, der Hafen- oder Jupitertempel, das Marstor, die Cantina, die Appartements und Bäder - eben einfach alles und noch viel mehr über die Geschichte dieses Ortes. Danach sollte man geruhsam den Stadtbummel in Angriff nehmen. Höhepunkte sind hier der *Dom St. Viktor*, das *Klever Tor*, die *Kriemhildmühle*, das *Pesthaus*, die *Stadtmauer*, der *Marktplatz* und die zahlreichen verwinkelten Gassen, in denen sich so herrlich stöbern und entdecken lässt. Natürlich auch das *Regionalmuseum Xanten* gleich neben dem Dom. Damit hat man sein Tagesprogramm reichlich erfüllt und gönnt nun den müden Beinen eine angemessene Entspannung im Nibelungenbad. So erfrischt, sehen wir dem kommenden Tag mit Freude und Erwartung entgegen. Wir beginnen die Radtour am **Römerlager** und radeln am Ausgang des Parkplatzes nach rechts auf den Radweg (Symbol *Via Romana*, *eff-eff*

Archäologischer Park und Amphitheater
Birten
Beek
Rhein
Lüttingen
Amphi-theater
Xanten
Bönning-hardt
Hoerstgen
Veen
Stertzen-hof
Oermten
Hoch-bruch
Niederbruch
Issum
Sevel
Pauels-hof
Raymakers-hof
Vynen
Löltgen
Marienbaum
Labbeck
Bögels-hof
Sonsbeck
Lauperhof
Hartefeld
Kapellen
Traktorenmuseum Pauenhof
Neufeld
N
Dalberg
Kehrum
Hügenhof
Schloß Haag
Hestert
Knechtenhof
Rüllenhof
Geldern

123, R17 Ginderich R8 Wesel-Uedem) in Richtung B 57, die wir an der Esso-Tankstelle erreichen. Dort queren wir die Hauptstraße und fahren geradezu in den „Nordwall" ein, der uns an der *Kriemhildmühle* (18. Jahrhundert) und dem *Klever Tor* (16. Jahrhundert) längs der Stadtmauer bis zur „Bahnhofstraße" führt, in die wir rechts einbiegen. Gleich an der Ecke steht der *Mauerturm* des *Westwalls,* ein gut erhaltenes Bauwerk aus dem 16. Jahrhundert. Über die „Bahnhofstraße" gelangen wir zur „Poststraße" und damit auf unseren Radweg, den 2LR, über den wir im Laufe des Tages Geldern erreichen werden. An der „Poststraße" halten wir uns nun links und folgen dem Hinweis *Stadion.*

Blick auf das Klever Tor in Xanten

An der nächsten großen Kreuzung stoßen wir auf die „Gelderner Straße", die wird queren und auf der anderen Seite in den „Fürstenberg" einradeln. Wir orientieren uns am Radwegesymbol *Via Romana-Nijmegen-Xanten/2LR-Niederrheinroute* und folgen dem Weg weiter leicht hügelwärts. Linker Hand passieren wir die Gaststätte „Schützenhaus" und halten uns an der nächsten Gabelung halb links. Durch eine prachtvolle Kastanienallee gondeln wir gemütlich in Richtung Birten, wo das Amphitheater auf uns wartet. Zur Linken erhebt sich das *Haus Fürstenberg* (17. Jahrhundert) mit der Kapelle des *Heiligen Martin* (11. Jahrhundert). Beide Gebäude lohnen eine Besichtigung und die Kunstsammlung im Haus Fürstenberg ist in der Tat sehenswert. Nur wenig weiter wechselt der Baumbestand der Allee in Ahorn und dann in Eiche. Ein Rastplatz unter hohen Eichen zieht unsere Aufmerksamkeit an. Durch die Eichenallee radeln wir nun talwärts bis zur nächsten Einmündung, wo wir links einbiegen (Wegesymbol *2LR/ Niederrheinroute*). Dann ist **Birten** erreicht, wo uns gleich am Ortsrand zur Rechten an der „Römerstraße 2a" das *Amphitheater* zu einer Visite einlädt. Im Sommer ziehen die Freilichtaufführungen zehntausende Menschen in ihren Bann. An der Einmündung „Römerstraße/Heesenweg" biegen wir rechts ab auf den Radweg in Richtung Kevelaer (Wegesymbol *2LR/ Niederrheinroute*). Außerdem besteht hier die Möglichkeit, über den Radweg *Via Romana, eff - eff 1 2 3* nach *Burg Winnenthal* zu fahren, der größten Wasserburg am linken Niederrhein. Wir folgen dem Radweg auf

Kevelaer, überqueren die Bahnstrecke Duisburg - Xanten und lassen die Räder leicht hügelwärts rollen. Am Ortsausgang Birten treffen wir auf den „Veener Weg“, dem wir linksseitig nachfahren bis zur Gaststätte „Schramms Hof“, wo wir rechts einbiegen und auf der anderen Straßenseite dem Radweg *2LR-Via Romana Nijmegen-Xanten* nachfolgen. Der „Veener Weg“ verläuft durch eine waldreiche Gegend und nach einer erfrischenden Gefällstrecke heißt es beim *Ballonflug Centrum* (Heißluftballonfahrten möglich) rechts einbiegen und dem Weg bis zu einer Gabelung folgen. Dort halten wir uns halb links und radeln mitten durch den *Hochbruch*, einen fantastischen Wald mit zahlreichen Teichen und Feuchtgebieten. Der Weg schlängelt sich zwischen uralten Bäumen durch, vorbei an einem Waldsee, wo sich herrlich rasten lässt. Nach dem Erlenbruch zur Rechten gelangen wir an eine Einmündung, wo wir dem Wegeverlauf halb links folgen und über eine leichte Talfahrt zum Rasthaus „Am Rös'chen“ gelangen. Dort queren wir die „Gelderner Straße“ und nehmen gleich auf der anderen Straßenseite den Radweg nach links. Nach cirka drei Kilometern längs der „Gelderner Straße“, die sich später „Xantener Straße“ nennt, gelangen wir an die Kreuzung „Marienbaumer Straße“, in die wir rechts einfahren. Nach rund 100 Metern nimmt linker Hand der „Kervenheimer Weg“ seinen Anfang. Wir queren die Autostraße und biegen dort links ein.

Unsere ständigen Begleiter sind weiterhin die Wegesymbole *2LR/Niederrheinroute*. Durch Feld und Wald geht die Fahrt, wir überqueren eine Wegkreuzung (links ist die Auffahrt zum Aussichtsturm Sonsbecker Schweiz möglich) und radeln weiter geradezu uber den „Kervenheimer Weg“ bis zur Trafostation „Am Handweiser“. Wir passieren den Stromturm und gelangen so zu einer weiteren Wegekreuzung, die wir ebenfalls queren, bis wir auf die „Pauenstraße“ stoßen, in die wir links einbiegen. Rechterhand befindet sich eine Tierhaltung mit Hühnern, Gänsen, Schafen und Ziegen, die sich anzuschauen lohnt. An der nächsten Wegekreuzung bietet sich die Gelegenheit, über die Herrensitz-Route nach Issum-Alpen zu radeln. Wir rollen jedoch weiter geradezu und erreichen kurz danach zur Rechten den **Pauenhof**. Hier ist eine Besichtigung einfach ein Muss, denn zahlreiche Traktoren und Feldmaschinen sind in einem interessanten *Museum* zusammengefasst. Außerdem gibt es hier einen Spielplatz und Erfrischungen. Und wer von euch möchte nicht auch einmal mit dem Traktor fahren? Anschließend radeln wir bis zur nächsten Kreuzung, queren die Hauptstraße und fahren auf fast ebener Straße weiterhin in Richtung Geldern. An der kommenden Einmündung am Bauernhof heißt es für uns rechts und nach einer kurzen Strecke erspähen wir links eine weitere Rastgelegenheit. Dann biegen wir an der nächsten Einmündung links in ein in den „Hügenweg“ und radeln auf die Brückenauffahrt zu, über die wir die A 57 queren. Auf der anderen Seite rollen wir bis zur „Husenstraße“, in die wir rechts einfahren. Am Bauernhof bei der weiteren Einmündung halten wir uns links und kommen zu einem

Marienkreuzhaus, das ein kurzes Verweilen zulässt. Über den „Rickenweg“ geht die Fahrt nun weiter vorbei an einer Tierhaltung bis zur nächsten Einmündung, in die wir unsere Räder nach rechts einlenken. Voraus kommt der stattliche **Pinnenhof** (18. Jahrhundert) in Sicht, der sich anzuschauen lohnt. Dort halten wir uns links und folgen dem Wegesymbol *2LR/Niederrheinroute*. Nach rechts bietet sich die Möglichkeit über die Herrensitzroute in Richtung Kevelaer zu fahren. Wir lassen den Rädern Fahrt bis zum Wegedreieck, biegen dort rechts ein und fahren auf der „Rühlenstraße“ durch Feld und Flur weiter in Richtung Geldern. An der Einmündung zur Hauptstraße halten wir uns jetzt auf dem Radweg links und queren nach 100 Metern die Straße (Wegesymbol *2LR/Niederrheinroute/Herrensitz-Route*). Dort fahren wir in die „Binnenheide“ ein. Linker Hand taucht zwischen Getreidefeldern die *Binnenmühle* (Steinturmwindmühle, 18. Jahrhundert) auf, während wir uns zur Rechten dem *Büchelshof* nähern, der sehenswert ist. Durch Feld, Wald und Flur erreichen wir schließlich die „Binnenheide 19“, wo sich das idyllisch gelegene „Bauerncafé“ befindet. Durch prachtvollen Mischwald gelangen wir an die Niers, queren diese und radeln auf der anderen Seite bis zu einer Wegeabzweigung (Wegesymbol *2LR/Niederrheinroute/Herrensitz-Route*) auf Geldern - Schloss Haag zu. Dann ist die „Kapellener Straße“ erreicht, die wir queren, um auf der anderen Seite in die „Knechtung“ einzuradeln.

Wir folgen unserem Radweg bis zu einer Grill- und Rasthütte, hinter der sich rechter Hand eine ehemalige *Wassermühle* mit Treppengiebel erhebt. Dann radeln wir auf dem „Overfeldsweg“ weiter und biegen nach rechts ab (Wegesymbol *2LR/Herrensitz-Route*) und queren nochmals die Niers. Wir gondeln ohne große Kraftanstrengung bis zur nächsten Einmündung, um dort nach links den Weg auf Geldern und Schloss Haag zu nehmen. Dabei durchfahren wir über den „Stellenweg“ einige Bauernhöfe bis zu einer Einmündung, biegen dort links ein und radeln an einem Teich vorbei bis zur „Kapellener Straße“, die wir queren, um auf der anderen Seite gleich nach rechts einzufahren. Linker Hand an der Niers erhebt sich die *Willik'sche Mühle* (15. Jahrhundert), und ein paar alte Mühlsteine künden von der einstigen Arbeit des Müllers. Nach 500 Metern biegen wir links ein in den „Bartelter Weg“ und sehen voraus bereits die Türme von *Schloss Haag* (15. Jahrhundert), die sich zwischen hohen Bäumen erheben. Hier bietet sich im „Schloßcafé“ oder am Schlossteich die Gelegenheit zu einer Rast inmitten eines riesigen Golfplatzes, wo man dem Spiel der Golfer zusehen kann. Wir umrunden die Anlage und radeln auf dem Radweg weiter bis zur „Clemensstraße“ (am Heiligenhäuschen), in die wir rechts einfahren (Wegesymbol *2LR/Niederrheinroute/Herrensitz-Route*). Wir folgen der „Clemensstraße“ bis zur Kreuzung „Königsberger Straße“, erreichen damit **Geldern**, queren diese und radeln auf der anderen Seite in die „Breslauer Straße" ein bis zum „Buchenweg", wo wir uns rechts halten. Über den „Buchenweg" kommen wir zur „Haagschen Allee", in die wir links einfahren bis zur „Birkenallee", wo es für uns rechts heißt. Gleich in der Ecke ist der Eingang in den Obst- und Gartenbauverein, wo ein zünftiges Vereinslokal auf hungrige und durstige Gäste wartet. Wir radeln jetzt nach links und folgen der Straße „An der Bleiche", passieren die Gaststätte „Eintracht-Klause", hinter der wir links abbiegen bis zur Einmündung „Harttor". Dort folgen wir dem Hinweisschild *Bahnhof* nach links bis zur Kreuzung „Westwall". Nach rechts geht der Weg längs des Westwalls bis zur „Bahnhofstraße", in die wir rechts einbiegen und ihr bis zum Bahnhof folgen. Wer den Westwall überquert und der „Hartstraße" folgt, gelangt zum „Markt" mit dem *Drachenbrunnen* und der alten katholischen Kirche *St. Maria Magdalena* (13. Jahrhundert) und der *Heilig-Geist-Kirche* (18. Jahrhundert) in der Innenstadt von Geldern, die zu einem ausgiebigen Bummel einlädt. Die Rückfahrt nach Xanten kann dann mit dem Bus bzw. mit der Deutschen Bahn über Wesel angetreten werden. Wir hatten jedoch eine bessere Idee und eine ganz tolle Tour für den Rückweg am nächsten Tag ausgekundschaftet (siehe Tour 12).

12 Von Geldern über Issum nach Xanten

Schlösser, Burgen und Altstadttouren

Start: Geldern - Bahnhof

Ziel: Xanten - Dom oder Archäologischer Park

Länge: 38 km

Verlauf: überwiegend befestigte Radwege durch kleinere Ortschaften, Wald, Feld und Flur, gelegentlich sandig-humose Abschnitte, eine leichte Steigung bei Xanten - Veen, ansonsten ebenerdige Radwanderung

Rückfahrt: von Geldern mit dem Zug zurück in Richtung Wesel - Xanten - Duisburg - Düsseldorf oder nach Wesel, Xanten, Geldern oder Kempen mit dem Bus; nächste Bahnhöfe: Xanten, Goch, Kleve, Wesel, Emmerich, Krefeld, Kempen, Moers, Duisburg, Düsseldorf; Busbahnhof Xanten: Verbindungen in alle Städte des Umlandes, so nach Goch, Kevelaer, Kleve, Sonsbeck, Wesel; Autobahnanschlüsse: A 57 Ausfahrt Alpen Rtg. Issum B 57, A 60 Ausfahrt Kerken Rtg. Geldern - Kleve, B 9, A 67 Ausfahrt Straelen, Rtg. Straelen - Geldern, Ausfahrt Sonsbeck Rtg. Xanten und/oder Kevelaer - Geldern

Entdecken: sanftwellige Moränenlandschaft des Bönninghardt, Aulandschaft der Niers, Altstadt von Geldern und Issum, Windmühlen und Herrensitze von Geldern bis Xanten, Schlösser und Burgen, mittelalterliche Städtchen, römische Kaiserstadt Xanten mit Archäologischem Park, Altstadt von Xanten mit Dom St. Viktor, Vogelschutzgebiet Bislicher Insel

Karte: 1 : 50 000 Radwanderkarte Niederrhein Nord - Reichswald-Gocher Heide, Regio Cart RV Verlag Nr. 33534

Einkehr: zahlreiche Gelegenheiten entlang der Strecke

Unterkunft: Wohnen im Turm, Klever Tor am Nordwall, das antike Übernachtungserlebnis, Tourist Info Xanten, Telefon 0 28 01/77 22 98, 77 22 26, Fax 0 28 01/7 16 65; zahlreiche Pensionen und Privatquartiere sowie Ferienwohnungen im Streckenverlauf

Auskünfte: Internet: www.xanten.de; e-Mail: touristik-xanten@t-online.de

Der Streckenverlauf dieser Etappe von Geldern in das kaiserliche Xanten zählt zu den landschaftlich schönsten im Gebiet des nördlichen Niederrheins. Der Besuch der Altbierbrauerei des Niederrheins, nämlich Diebels in Issum, ist schon ganz was Besonderes, ganz zu schweigen vom Ort selbst. Haus Issum (14. Jahrhundert), die ehemalige Synagoge (18. Jahrhundert) und die alte Mühle (18. Jahrhundert) sind neben zahlreichen alten Häusern die Prunkstücke des Altbierstädtchens. Herrensitze, Schlösser, Kirchen und Kapellen runden das Bild dieser Radwanderung ab. Neben Schloss Haag (14. Jahrhundert) nahe Geldern legen die Herrensitze Beerenbrouck, Finkenhorst und Burg Winnenthal (15./17. Jahrhundert) Zeugnis ab über die Herrschaft einer längst vergangenen Zeit. Als krönender Abschluss bleibt noch ein Spaziergang durch die Xantener Innenstadt mit ihren alten Häusern, dem mächtigen Dom, den verwinkelten Gassen und alt-ehrwürdigen Gemäuern sowie ein Besuch des Archäologischen Freizeitparks.

His-Törchen (Issum)

Geöffnet:	dienstags bis donnerstags	8.30 - 12.30 Uhr
	und	14.00 - 15.30 Uhr
	freitags	8.30 - 12.30 Uhr
	sonntags	11.00 - 13.00 Uhr
	und	15.00 - 17.00 Uhr

Eintritt:	Im Haus Issum	frei

Ehemalige Synagoge (Issum)

Geöffnet:	jeden 1. Sonntag im Monat	14.00 - 17.00 Uhr
	Anmeldung: Gemeinde Issum, Rathaus, Telefon 0 28 35/1 00	
Auskünfte:	Rathaus Issum, Amt für Tourismus, Telefon 0 28 35/1 00, Fax 10 10	

Weitere Informationen zu Xanten entnehmen Sie bitte dem Infoteil von Tour 11.

Wir starten am **Bahnhof Geldern**, folgen der „Bahnhofstraße" bis zur Kreuzung „Westwall", den wir überqueren und radeln weiter geradezu in Richtung „Markt" mit dem *Drachenbrunnen.* Nach der Sage erhielt Geldern seinen Namen durch das Geschrei eines Drachen, der im 9. Jahrhundert durch mutige Ritter getötet wurde. Jetzt befinden wir uns im Zentrum **Gelderns** mit der katholischen Kirche *St. Maria Magdalena* (13. Jahrhundert) und haben ausreichend Zeit, die Innenstadt zu besichtigen, unter anderem die in „Preußischem Barock" erbaute *Heilig-Geist-Kirche* (18. Jahrhundert), die sich ebenfalls am Markt befindet. Dann orientieren wir uns auf der „Hartstraße" zum „Harttor" hin, queren den „Nordwall" und biegen anschließend in die Straße „An der

Bleiche“ rechts ein.

Nach 200 Metern lenken wir unsere Räder rechts in die „Birkenallee“, der wir ein Stück folgen. Dann heißt es zur Linken in die „Haagsche Allee“ einradeln, diese durchfahren bis zum „Buchenweg“, in den wir rechts einfahren und später links in die „Breslauer Straße“ einbiegen. Dieser Straße folgen wir bis zur Kreuzung „Königsberger Straße“. Nach Querung der Kreuzung gelangen wir so auf die „Clemensstraße“, die uns am St. Clemens Krankenhaus vorbei zum Golfplatz von *Schloss Haag* (15. Jahrhundert) führt, das seine Türme aus den dichten Eichen- und Buchenwäldern in den Himmel reckt. Wir radeln an der Anlage vorbei bis zum *Heiligenhäuschen* an der Einmündung in den „Bartelter Weg“. Wir folgen dem Wegesymbol *Herrensitz-Route* nach rechts in Richtung Aengenesch. Unter dem Blätterdach einer kraftvollen Lindenallee gondeln wir gemütlich durch Feld und Flur vorbei an einem idyllischen See bis zum „Deckersweg“, in den wir rechts einbiegen (Wegesymbol *Herrensitz-Route, RW 9*). Jetzt passieren wir ausgedehnte Erikenfelder, die uns bis zur Straße „Zur Boeckelt“ begleiten. Dort halten wir uns links und gelangen zur Restauration „Alte Boeckelter Schule“. An der Einmündung „Mölleweg“ radeln wir rechts und lassen dabei einige Gewächshäuser hinter uns. Weiter geht unsere Radwanderung bis zur Einmündung in die „Beerenbrouckstraße“, wo wir uns links halten und nach 100 Metern gleich wieder rechts dem Wegweiser Aengenesch folgen und in die Straße „Aengenesch“ einradeln. An der nächsten Einmündung „Finkenhorster Weg“ halten wir uns rechts auf dem Radweg nach *Issum*. Linker Hand besteht die Möglichkeit, über die Herrensitz-Route nach Sonsbeck-Kapellen zu gelangen, wobei die alt-ehrwürdigen Kastelle *Haus Beerenbrouck* (16. Jahrhundert) und *Haus Finkenhorst* (17. Jahrhundert) tangiert werden. Wir radeln über die Straße „Aengenesch“ weiter bis zum „Café Finkenhorst“, das lauschig versteckt zur Linken auftaucht. Dann ist **Aengenesch** erreicht. Über den „Langendonker Weg“ (Wegesymbol *Herrensitz-Route/Niederrhein-Route/Agro-Route*) radeln wir auf Issum zu und gelangen so an das *Kapellenkreuzhäuschen Heilige Maria.* Wir rollen weiter bis zur Einmündung in die „Weseler Straße“ und halten uns dann links auf dem Radweg der „Gelderner Straße“, um nach 300 Metern erneut links in eine herrliche Eichenallee einzubiegen, der wir bis zum Stopp-Schild am Stadtrand von Issum folgen. Wir queren diese Kreuzung und radeln auf der selben Straße durch den Ort **Issum** direkt auf die *Brauerei „Diebels“* zu. Hier ist eine Besichtigung unbedingt angeraten und das Büfett von „Diebels Live“ ist unbestritten eine Wucht.

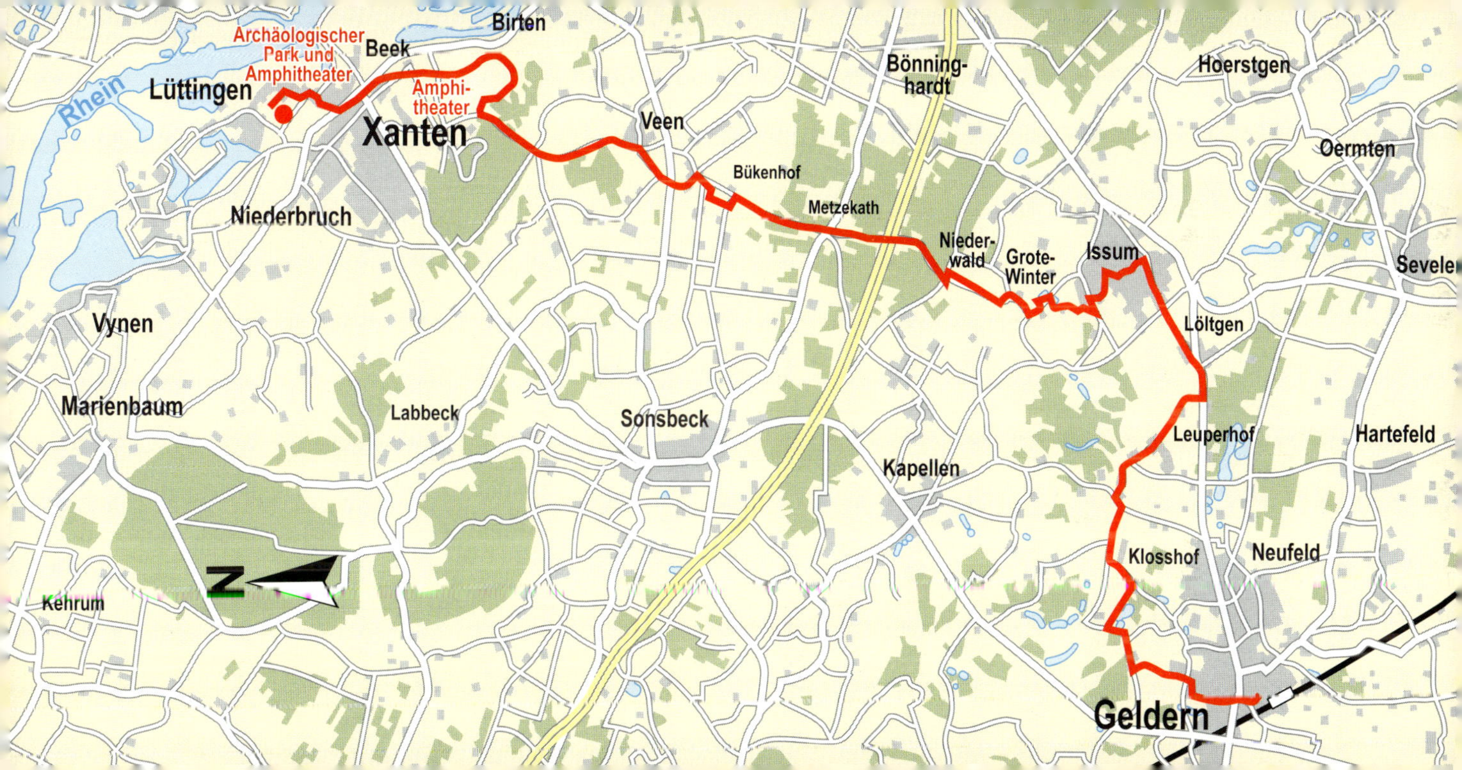
Archäologischer Park und Amphitheater
Birten
Beek
Rhein
Lüttingen
Amphi-theater
Xanten
Veen
Bönning-hardt
Hoerstgen
Oermten
Bükenhof
Metzekath
Niederbruch
Nieder-wald
Grote-Winter
Issum
Sevelen
Vynen
Löltgen
Marienbaum
Labbeck
Sonsbeck
Leuperhof
Hartefeld
Kapellen
Klosshof
Neufeld
Kehrum
N
Geldern

Jupitertempel im Archäologischen Park in Xanten

Durch den alten Ortskern geht die Fahrt vorbei an der Kirche bis zum *Haus Issum* (14. Jahrhundert), in dem heute die Stadtverwaltung und das „His-Törchen", das *Heimatmuseum*, untergebracht ist.

An der Straße „Markt - Kapellener Straße", wo sich auch Haus Issum mit dem sehenswerten Park befindet , biegen wir links ein in die „Kapellener Straße". Gegenüber der Einmündung „Mittelstraße" liegt ein wenig verborgen die ehemalige Synagoge. Im Verlauf der „Kapellener Straße" folgen wir dem Radweg durch den Linksbogen (vor der Gaststätte „Haus Droste") bis in eine Eigenheimsiedlung. Rechter Hand sehen wir eine der *Windmühlen* von Issum (18. Jahrhundert). Geradezu gelangen wir schließlich an eine weitere Einmündung bei einer Fabrik, wo wir uns links halten und über den „Nordring" bis zur Einmündung in die „Kevelaerer Straße" radeln. Dort halten wir uns rechts, folgen dem Straßenverlauf rund 500 Meter und biegen dann hinter einer kleinen Brücke rechts ein in die „Zitterhuck". Wir orientieren uns an dem Symbol *Fahrrad* und *Nr. 1* auf einer Holzplatte, das zunächst die Richtung anzeigt. Über die „Niederwalder Straße" führt unsere Tour durch Felder und Wiesen und der Radweg schlängelt sich bis zu einem Wegedreieck, wo wir rechts einbiegen und weiterhin dem Symbol *Radweg Nr. 1* folgen. Dann kommt die nächste Einmündung in Sicht, der „Strohweg" ist erreicht, und wir fahren nach rechts ein. Nach 1500 Metern liegt linker Hand ein Rastplatz mit Bänken und Tischen, wobei unsere Radwanderung leicht hügelwärts verläuft. Das ist das Ergebnis einer Staumoräne aus der Eiszeit, die uns diesen Sandhügel hinterlassen hat. Anschließend durchradeln wir auf dem Strohweg dichten und weitläufigen Kiefernwald, bis wir zur Wegekreuzung „Xantener Weg" gelangen. Dort radeln wir links ein und gelangen später auf den „Issumer Weg", der uns über die A 57 direkt nach Bönninghardt bringt. An der Stopp-Stelle queren wir die L 491 und radeln auf der anderen Seite geradezu weiter in die „Winnenthaler Straße" ein (Hinweisschild *Xanten - Veen*). Beidseitig voraus erstreckt sich der wellige Höhenrücken des *Bönninghardt*, eines der waldreichsten Gebiete am linken Niederrhein. Talwärts führt nun der Weg bis zur Kreuzung „Dickstraße" mit Stopp-Schild, wo wir uns auf dem Radweg links in Richtung Xanten-Veen halten. Hier besteht die Möglichkeit, nach *Burg Winnenthal* (15. Jahrhundert), dem größten Wasserschloss am linken Niederrhein, zu fahren. Eine Besichtigung ist diesen Abstecher wert. Geradezu radeln wir immer längs der Landstraße durch Feld und Flur, durch die sanftmütige, leicht wellige Niederrheinlandschaft des Bönninghardt bis zu einer weiteren Stopp-Stelle, die wir queren, um auf der anderen Seite in Richtung Xanten (5 Kilometer) über die „Dickstraße" weiter zu radeln. Dann gelangen wir an die „Gelderner Straße", die wir bereits von einer anderen Tour her kennen. Am Stopp-Schild überqueren wir die Straße und fahren gemütlich auf der anderen Seite weiter direkt nach Xanten bis zur „Poststraße", in die wir links einbiegen (Wegesymbol *2LR-Niederheinroute-Via Romana*). Kurz vor der „Bahnhofstraße" steht rechts das *Pesthaus* (15. Jahrhundert) und dann biegen wir rechts ein in die „Bahnhofstraße", die uns direkt zum *Dom* und in die *Altstadt* führt. Zur Linken geht es auf Sichtweite zum Bahnhof und weiter geradezu über den „Nordwall" zum *Klever Tor* und zur *Kriemhildmühle*. **Xanten**, die alte römische Kaiserstadt, ist erreicht.

13 Von Xanten nach Wesel und zurück

Die Bislicher Insel, Preußen und Römer

Start: Xanten - (Archäologischer Park, Dom oder Markt)
Ziel: Xanten - über Wesel und die Bislicher Insel
Länge: 30 km (Rundkurs)
Verlauf: ausschließlich befestigte Radwege, auch durch kleinere Ortschaften, teilweise Wald, sonst Wiesen, Weiden, Feld und Flur, keine Steigungen
Rückfahrt: von Xanten oder Wesel mit dem Zug zurück in Richtung Duisburg, Krefeld, Düsseldorf oder mit dem Bus nach Xanten oder Wesel;
nächste Bahnhöfe: Kleve, Xanten, Geldern, Goch, Wesel, Emmerich, Moers, Duisburg, Krefeld;
Busbahnhof Xanten/Wesel: Verbindungen in alle Städte des Umlandes, so nach Emmerich, Geldern, Kleve, Duisburg, Dinslaken, Krefeld, Moers;
Autobahnanschlüsse: A 57 Ausfahrt Sonsbeck/Xanten oder Alpen/Wesel, B 57 nach Xanten, B 8 nach Wesel
Entdecken: Moränen- und Aulandschaft des Rheintales, Altstadt von Xanten und Wesel, Polder und Kolke, Altrheingebiet, Vogelschutzgebiet Bislicher Insel, Windmühlen und Dom von Xanten, Archäologischer Park, alter Fischerort Bislich und sein Heimatmuseum, alte Zitadelle von Wesel, Willibrordi-Dom, Berliner Tor, Preußenmuseum, Fort Blücher; FERNGLAS NICHT VERGESSEN!!!
Karte: 1 : 50 000 Radwanderkarte Niederrhein Nord - Reichswald-Gocher Heide, Regio Cart RV Verlag Nr. 33534
Einkehr: mehrere Möglichkeiten entlang der Strecke
Unterkunft: zahlreiche Pensionen und Privatquartiere sowie Ferienwohnungen im Streckenverlauf

Auf unseren Radwanderungen im Zweistromland zwischen Rhein und Maas haben wir zahlreiche Fließgewässer kennen gelernt, so die Rur, die Schwalm, die Niers und die Nette. Dem größten Strom der Region und Westeuropas, nämlich dem Rhein, machen wir mit dieser Radwanderung unsere Aufwartung.

Haaalt - höre ich da schon die Widersprüche, wir haben den Rhein doch schon bei Schenkenschanz gesehen. – Richtig, liebe Freunde, alles richtig, aber nun werden wir den Strom mit einer ausschließllich für Radfahrer und Fußgänger vorgesehenen Fähre queren und später nochmals über eine Brücke. Außerdem bieten einige Freibäder im Verlauf der Strecke ausreichend Gelegenheit, ein kühles Bad im Rhein oder einem seiner alten Arme zu nehmen. Außerdem besuchen wir den Ort Bislich mit seinem Museum, die Zitadelle von Wesel, das Fort Blücher am anderen Rheinufer – und: das bedeutendste Vogelschutzgebiet am linken Niederrhein, die Bislicher Insel. Und das schönste an der ganzen Sache ist, wir drehen eine Runde - im Klartext heißt das, wir fahren einen Rundkurs und kommen somit zum Ausgangspunkt zurück.

Bitte beachten Sie den Infoteil von Tour 11.

Heimatmuseum Bislich (Dorfstraße, Wesel,
Telefon/Fax 0 28 59/15 19)

Geöffnet:	Ostern bis September	
	sonntags und feiertags	10.00 - 16.00 Uhr
	Oktober bis Ostern	
	sonntags und feiertags	11.00 - 13.00 Uhr
	täglich für Gruppen nach Voranmeldung	

Technisches Denkmal Altes Wasserwerk (Emmericher Straße, Wesel, direkt an der Römerroute,
Telefon 02 81/9 66 01 02)

Geöffnet: nach Vereinbarung

Preußen- und Schill Museum (An der Zitadelle, Wesel,
Telefon 02 81/33 99 60, Fax 33 99 63 30)

Geöffnet:	dienstags bis sonntags	10.00 - 17.00 Uhr
Eintritt:	Erwachsene	DM 7,00
	Kinder	DM 2,50
	Familien	DM 14,00

Willibrordi-Dom (Pastor-Bölitz-Straße, Wesel)

Geöffnet:	dienstags bis freitags	14.30 - 17.00 Uhr
	mittwochs und samstags	10.00 - 12.00 Uhr
	Ostern bis Oktober	
	samstags und sonntags	14.30 - 17.00 Uhr
Eintritt:	frei	

River Lady

Fahrzeit:	von April bis Oktober	
	ab Wesel:	samstags, sonntags und feiertags
	ab Xanten:	mittwochs
Fahrpreise:	Erwachsene	DM 12,00
	Kinder	DM 6,00
Sonderfahrt:	Manfred Hell - Personenschiffahrt GmbH, Bislicher	

Straße, Wesel, Telefon 02 81/77 99, Fax 7 02 33

Dampfzugeisenbahn

Historischer Schienenverkehr Wesel e. V.
Postfach 100 923, Wesel, Telefon 02 81/ 8 97 03
und 02 81/53 02 05 von 18.00 - 20.00 Uhr

Rheinfähre Xanten - Bislich

Fahrzeit:	April bis Oktober mittwochs, freitags bis sonntags und feiertags	10.00 - 19.00 Uhr	
Fährgebühr:	Erwachsene mit Rad	DM	3,00
	Kinder mit Rad	DM	3,00
	Einzelpersonen	DM	1,50

Mit der heutigen Tour setzen wir zum ersten Mal mit unseren Fahrrädern auf einer Fähre über den Rheinstrom über. Das ist schon was Besonderes, denn es gibt - leider - mehr Brücken längs des Rheinstroms als Fähren. Und da wo Fähren verkehren, muss man sich den Platz noch mit Autos und Motorrädern teilen. Gott sei Dank ist die Bislicher Fähre eine rühmliche Ausnahme, denn sie transportiert nur Personen mit und ohne Fahrräder. Und das von April bis Oktober an vier Tagen in der Woche. Und da wir ohnehin einige Touren in Xanten beginnen oder enden lassen, ist die Radwanderung nach Wesel und zur Bislicher Insel einfach ein Muss.

Wir starten vom **Bahnhof**, **Dom** oder **Marktplatz**, und wer mit dem Auto angereist ist vom **Parkplatz** am Archäologischen Zentrum. Dann folgen wir der B 57 („Rheinberger Straße") in Richtung Wesel und biegen am Hinweisschild *Rheinfähre-Bislicher Insel* links ab. Als Orientierung dienen die Radwegesymbole *Römer-Route-Niederrhein-Route*, die uns bis zur Gaststätte „Zur Rheinfähre" geleiten. Dort nehmen wir den Rad-Fußweg zur Fähre (50 Meter) und warten auf die Ankunft des Schiffes. Nach fünf bis zehn Minuten einschließlich Ein- und Aussteigen ist man schon samt Fahrrad auf der anderen Rheinseite. Dort geht es gleich den Deich hinauf nach **Bislich**, dessen Kirche und Häuser schon hinter dem Deich hervorlugen. Das *Heimatmuseum* ist wirklich sehenswert und die Ausstellungen werden durch tägliche Vorführungen, so Brot backen, Weben und Spinnen, ergänzt. Die alten *Fischerhäuser* und die *Basilika* bilden einen malerischen Kontrast zum weitläufigen Grün des Umlandes. Danach rollen wir zurück zum Deichweg „Marwick" und biegen links ein, wobei wir am Campingplatz vorbeikommen. Auf diesem Weg bleiben wir zunächst und die Radwanderung führt uns jetzt

N
Wardt
Feldwick
Mühlenfeld
Bislich
Lüttingen
Archäologischer-Park
Amphitheater
Xanten
Marwick
Loh
Mars
Flüren
Feldmark
Auesee
Blumen-kamp
Lackhause
Wesel
Flürener Altrhein
Rhein
Rhein
Niederbruch
Beek
Portang
Willicks-hof
Willibrordi-Dom
Perrich
Werrich
Fürstenberg
Alter Rhein
Ginderich
Fustern-berg
Amphi-theater
Birten
Büderich

durch das typische Rheinautal mit seinen Poldern, Teichen und Kolken, den Altrheinarmen mit tausenden Wasservögeln und den fetten Weiden, auf denen hunderte Kühe, Bullen und Schafe saftiges Gras fressen. Vom Deichweg aus genießt man den ungehinderten Blick auf den Rheinstrom und das weite Tal von Xanten bis Wesel. Linker Hand macht das „Cafe Hellenhof" auf sich aufmerksam und wenig später bietet schon das nächste Restaurant „Forellen-Stübchen" schmackhafte Fischgerichte an. Auf dem „Marwick" gleiten wir, durch westliche Winde geschoben, ohne Pedale zu treten von selbst dahin. Dann verlassen wir den Deich und folgen dem Hinweisschild *Römer-Route-Niederrhein-Route* halb links, umrunden die Bauernwirtschaft und queren die Straße, um auf der anderen Seite nach rechts in den Radweg einzufahren. Zur Linken dehnen sich prachtvolle Streuobstwiesen aus, während sich die lieblichen Rheinauen eine Weile hinter dem Deich unseren Blicken entziehen.

Über die „Bislicher Straße" durchfahren wir nun die Altrheinauenlandschaft in Richtung Wesel, wobei wir dichten Mischwald passieren, der unsere Route beidseitig flankiert. Im Streckenverlauf bemerken wir immer wieder Wartehäuschen des regionalen ÖPNV, der Wesel und Xanten im Stundentakt verbindet. Inzwischen hat die Wanderroute Zuwachs bekommen, denn wir radeln jetzt noch auf dem *Fernradweg R 19.* Zur Rechten erreichen wir dann den Campingplatz „Grav-Insel", wo wir die Straße queren und auf der anderen Seite nach links auf den Deichweg einbiegen (Radwegesymbol *Römer-Route-R19*). Der Weg verläuft längs des Rheinstroms in sanften Schleifen und kurz vor Wesel gelangen wir am „Auedamm" an das *Freibad „Aue-See"*. Der Eingang ist nur hundert Meter weiter auf der gleichen Seite. An der Abzweigung in Höhe des Freibades halten wir uns rechts und radeln vom Deichweg hinunter dem Wegehinweis *Römer-Route-Niederrhein-Route* nach. So gondeln wir direkt auf die Gaststätte „Am Hafen" zu, fahren über die Straße „Am Yachthafen" um den Yachthafen herum bis zur Einmündung, wo wir nach rechts einfahren und **Wesel** erreicht haben. Rechter Hand sehen wir nun das „Hotel Rheinterrassen". Von dort bis zum Rhein sind es nur noch 200 Meter, die wir leichten Radlaufes zurücklegen. Zur Rechten besteht nochmals die Gelegenheit zu einem Bad, denn das *Freibad „Rhein"* ist hier in der Saison von Mai bis September geöffnet. Auf der „Rheinpromenade" rollen wir nun unter hohen Pappeln am Rheinstrom entlang und gelangen zur ehemaligen Eisenbahnbrücke, die im Zweiten Weltkrieg gesprengt wurde. Auf dem Brückenpfeiler ist ein Aussichtspunkt eingerichtet. Von dort oben lässt sich das ganze Rheinstromtal zwischen Wesel und Xanten überschauen. Ein wahrhaft traumhafter Ausblick. Weiter geht unsere Radwanderung über die „Hafenstraße" durch den *Weseler Hafen* bis zur „Maaßenstraße", in die wir links einbiegen. Nach 200

Metern gelangen wir zur B 8 (Südring), wo wir uns rechts halten und geradewegs auf die Zitadelle (meist unterirdisch angelegte steinerne Verteidigungsanlagen, die über große Mengen an Waffen und Munition, Trinkwasser- und Lebensmittelvorräten für längere Belagerungen verfügten) und das *Preußenmuseum* zuradeln. Dann tauchen zur Linken die markanten Festungsanlagen der *Zitadelle* Wesel auf, deren Besichtigung zwar einige Zeit in Anspruch nimmt, dafür aber ungemein viel Wissen vermittelt über den Festungsbau des 18. Jahrhunderts. Von hier aus besteht die Möglichkeit, in die Stadt hinein zu fahren, durch die Fußgängerzone zu bummeln, das *Berliner Tor* und den *Kornmarkt* zu besuchen. Dazu fährt man einfach von der Zitadelle aus die „Schillstraße" hinauf bis zur „Kreuzstraße", biegt dort links ein und gelangt wie von selbst in die Fußgängerpassage („Hohe Straße" zur Rechten – „Viehtor" und „Brückstraße" zur Linken). Nun befinden wir uns im Zentrum Wesels und können über die „Brückstraße" zum *Dom* und Kornmarkt radeln oder gemütlich die „Hohe Straße" hinauf gondeln zum Berliner Tor.

„Schau mal, da unten radeln sie wieder!"

Wie man sich auch entscheidet, es ist schon ein besonderes Erlebnis, das man sich unbedingt gönnen sollte. Von der Zitadelle aus nehmen wir geradewegs Kurs auf die Brückenauffahrt B 58 – „Geldern", denn wir müssen erneut den Rheinstrom queren. Das heißt, tatsächlich queren wir zwei Flüsse. Der eine ist etwas schmaler als der Rhein und nennt sich *Lippe*. Die mündet nämlich bei Wesel in den Rhein. Nachdem wir den Rhein gequert haben, erwartet uns auf der anderen Seite das alte **Fort Blücher**, dessen Festungsmauern sich trutzig wie mächtige rote Berge aus dem Grün der Rheinauen erheben. Wir halten uns weiter auf der *Niederrhein-Route-R 8 - Xanten-Fähre-Werrich* und radeln bis zur Abzweigung an der Ampelanlage, wo wir rechts in die „Xantener Straße" einbiegen. Nach knapp einem Kilometer weist uns das Hinweisschild *Perrich* nach rechts den Weg. Wir rollen weiterhin auf der

Niederrhein-Route-R 8, durchfahren nun über den „Perricher Weg" erneut die linksrheinische Feldflur, und nähern uns dem großen Fernmeldemast der Deutschen Post. Wir bleiben immerzu auf unserem Radweg, der sich zwischen Bauernhöfen und Bäumen hindurch bis nach *Perrich* schlängelt, wo sich der Straßennamen in „Zur Bauernschaft" ändert. Auf diesem Radweg radeln wir immer tiefer in das *Naturschutzgebiet Bislicher Insel* hinein. An der Ecke „Perricher Kirchweg" – „Zur Bauernschaft" befindet sich ein Kiosk, wo man Getränke und Proviant ergänzen und eine Pause einlegen kann. An der nächsten Einmündung mit Hinweisschild *Ginderich* heißt es für uns rechts einbiegen in die „Werricher Straße", denn wir haben nun den Ort **Werrich** erreicht. Nach der nächsten Linksbiegung nennt sich die „Werricher Straße" nun „Eylander Weg" und von jetzt an gondeln wir nur noch bis zur Rheinfähre bei Xanten durch das NSG Bislicher Insel (Radwegesymbol *Römer-Route-R8/17*). Dieses Stück der Radwandertour sollte man mit sehr viel Genuss und Zeit fahren, denn die faunistischen und floristischen Sehenswürdigkeiten sind in der Tat beeindruckend. So gehören Rotschenkel, Bläßgänse, Graureiher, Kormorane, Flussregenpfeifer, Schafstelzen, Habichte, Steinkäuze und Bussarde zu den Stammgästen dieser einmaligen Landschaft. Wenn im Winter die Straßen trocken und eisfrei sind, ist eine Radwanderung durch die Bislicher Insel das schönste Weihnachtsgeschenk, das sich ein Naturfreund machen kann. Nur ein wenig dicker anziehen und in aller Ruhe die Dinge angehen, dann stellt sich auch im Winter die Freude am Rad fahren von ganz alleine ein.

In den Poldern und Senken der Altrheinarme brüten im Frühling und Sommer tausende verschiedenartiger Wasser- und Bodenbrüter und die Luft ist erfüllt vom Gesang der Nachtigallen, Lerchen und Grasmücken.

Kurz vor der *Lotsenstation* rechter Hand öffnet sich der Deichbogen und gibt den weiten Blick frei auf die behäbig-sanfte Rheinstromlandschaft in Richtung *Rees*, dessen Kirchtürme im Licht der Nachmittagssonne funkeln. Wir passieren die alte Schleuse und gondeln in aller Ruhe auf die Fähranlegestelle Xanten-Bislich zu. Ein letzter Ausruher im Biergarten des Restaurants „Zur Rheinfähre", dann treten wir noch einmal kurz in die Pedale und haben nach weiteren fünfzehn Minuten die Stadt **Xanten**, den *Dom* und *Markt* erreicht.

14 Von Xanten nach Kleve

Windmühlen, Schwanenburg und Tierpark

Start: Xanten - Archäologischer Park (Dom oder Markt)
Ziel: Kleve
Länge: 44 km
Verlauf: überwiegend befestigte Radwege durch kleinere Ortschaften, Wald, Feld und Flur, gelegentlich sandig-humose Abschnitte, eine leichte Steigung kurz vor Kleve, ansonsten ebenerdige Radwanderung
Rückfahrt: von Kleve mit dem Zug zurück in Richtung Geldern-Wesel-Xanten oder mit dem Bus nach Xanten; nächste Bahnhöfe: Xanten, Geldern, Goch, Wesel, Emmerich;
Busbahnhof Kleve: Verbindungen in alle Städte des Umlandes, so nach Goch, Geldern, Kevelaer, Xanten, Wesel;
Autobahnanschlüsse: A 57 Ausfahrt Goch/Kleve, B 9 nach Kleve, B 57 Xanten - Kalkar - Kleve
Entdecken: Moränen- und Aulandschaft des Rheintales, Altstadt von Xanten und Kalkar, Windmühlen und Herrensitze von Xanten bis Kleve, Schlösser und Burgen, mittelalterliche Städtchen, Wallfahrtsort Marienbaum, Schloss Moyland, Schwanenburg in Kleve, historischer Stadtkern, Kur- und Tierpark
Karte: 1 : 50 000 Radwanderkarte Niederrhein Nord - Reichswald-Gocher Heide, Regio Cart RV Verlag Nr. 33534
Unterkunft: Pensionen und Privatquartiere sowie Ferienwohnungen im Streckenverlauf

Wir sagen dem Cäsaren Trajan und seiner kaiserlichen Stadt Xanten „Auf Wiedersehen" und begeben uns auf die Radwanderung in das nicht minder interessante Kleve mit seiner Schwanenburg und noch einigen anderen, sehr bedeutenden kulturellen Angeboten. Dabei radeln wir stromabwärts in Nähe des Rheinstroms nach Nordwesten in Richtung Holland, wobei die außergewöhnlich lebhaft gestaltete Auenlandschaft des linken Niederrheins das Augenmerk des Radtouristen ein um das andere Mal auf sich lenkt.

Nach Xanten mit seinem Römerlager, dem mittelalterlichen Städtchen Kalkar und seinem berühmten „Schnellen Brüter", der nie ans Netz ging, dem Wasserschloss Moyland, dem Wallfahrtsort Marienbaum und der Gemeinde Bedburg-Hau, kommt endlich die weithin leuchtende Schwanenburg auf der höchsten Erhebung des Niederrheins in Sicht.

Die tausendjährige Stadt hat einiges zu bieten, so einen prachtvollen Kurgarten, ein barockes Amphitheater, einen Tierpark und jede Menge Museen. Darüberhinaus noch zahlreiche Kanäle, von denen einer, der Spoykanal, die Stadt mit dem Rhein verbindet. Das Umland präsentiert sich als eines der waldreichsten im Westen Deutschlands, wozu der berühmte „Reichswald“ seinen gehörigen Anteil beiträgt. Radwanderungen in und um Kleve gehören daher mit zu den schönsten und abwechslungsreichsten in der Region linker Niederrhein.

Bitte beachten Sie auch den Infoteil Kapitel 11.

Städtisches Museum Kalkar

Geöffnet:	täglich	10.00 - 13.00 Uhr
		14.00 - 17.00 Uhr
	montags	geschlossen

Stiftsmuseum Wissel

Geöffnet:	samstags und sonntags	16.00 - 18.00 Uhr
	oder nach Absprache, Telefon 0 28 24/61 08	

Eintritt:	Erwachsene	DM	2,00
	Kinder	DM	1,00

Heimatmuseum Grieth

Geöffnet:	ganzjährig sonntags		14.00 - 17.00 Uhr
Eintritt:	Erwachsene	DM	1,50
	Kinder (10-16 J.)	DM	1,00

Führungen: nach Absprache, Telefon 0 28 24/71 26
Führungen: Stadt- und Mühlenführungen nach Vereinbarung, Telefon 0 28 24/47 09 und 62 87;
die Kalkarer Kirchen nach Absprache:
Telefon 0 28 24/23 80 St. Antonius in Kalkar,
Telefon 0 28 24/67 18 St. Clemens in Wissel,
Telefon 0 28 24/65 26 St. Peter und Paul in Grieth,
Telefon 0 28 24/23 76 Evang. Kirche in Kalkar

Museum Schloss Moyland, Till-Moyland

Geöffnet:	1. April bis 31. Oktober	
	dienstags bis freitags	10.00 - 18.00 Uhr
	samstags bis sonntags	10.00 - 19.00 Uhr
	1. November bis 31. März	
	dienstags bis sonntags	10.00 - 17.00 Uhr

Eintritt:	Erwachsene	DM	10,00
	ermäßigt	DM	6,00
	Familien	DM	23,00
	Schulklassen pro Pers.	DM	3,00
	Gruppenermäßigung ab 10 Pers.		

Führungen und Informationen:
Telefon 0 28 24/95 10 66, Fax 95 10 96

Schwanenturm, Kleve (Telefon 0 28 21 /2 28 84)

Geöffnet:	1. April bis 31. Oktober	
	täglich	11.00 - 17.00 Uhr
	1. November bis 31. März	
	nur samstags und sonntags	11.00 - 17.00 Uhr

Eintritt:	Erwachsene	DM	2,00
	Schüler	DM	0,50
	Gruppen pro Pers.	DM	1,50
	Studenten	DM	1,00

Kurhaus Kleve - Mataré Sammlung (Telefon 0 28 21/1 83 57)

Geöffnet:	dienstags bis sonntags und an Feiertagen, wenn diese auf einen Montag fallen	
	1. April bis 31. Oktober	10.00 - 18.00 Uhr
	1. November bis 31. März	10.00 - 17.00 Uhr
	24. /25. Dezember und 31. Dezember bis 1. Januar	geschlossen

Eintritt:	Erwachsene	DM	6,00
	Schüler	DM	3,00
	Gruppen pro Pers.	DM	4,00
	Familien	DM	12,00
	Kinder und Schulklassen		frei

Führungen: nach Absprache vor Ort

B. C. Koekkoek-Haus (Telefon 0 28 21/76 88 33)

Geöffnet:	dienstags bis samstags	14.00 - 17.00 Uhr
	sonntags	11.00 - 17.00 Uhr

Eintritt:	Erwachsene	DM	4,00
	Schüler	DM	2,00
	Gruppen pro Pers.	DM	3,00
	Familien	DM	12,00
	Kinder und Schulklassen		frei

Mühlenmuseum Donsbrüggen (Telefon 0 28 21/2 88 82)

Geöffnet:	dienstags	16.00 - 18.00 Uhr
	samstags	10.00 - 17.00 Uhr

Eintritt:	Erwachsene	DM	2,00
	Kinder	DM	1,00

Klever Tiergarten (Telefon 0 28 21/2 67 85)

Geöffnet:	15. März bis 15. Oktober	
	täglich	9.00 - 18.00 Uhr
	16. Oktober bis 14. März	
	täglich	10.00 - 17.00 Uhr
Eintritt:	Erwachsene	DM 6,00
	Kinder	DM 3,00
	Rentner	DM 3,00
	Gruppen ab 15 Pers. pro Person die Hälfte des Eintrittspreises	

Stadtarchiv (Tiergartenstraße 41, 47533 Kleve,
Telefon 0 28 21/75 17 31, Fax 75 17 38)

Geöffnet:	dienstags bis freitags	9.00 - 13.00 Uhr
	dienstags und donnerstags	14.00 - 16.00 Uhr
	montags	geschlossen

hilft in allen Fragen über die Geschichte der Stadt

Naturerlebnisse in der Düffelt und bei den Wildgänsen
NABU - Naturschutzstation, Bahnhofstraße 15, 47559 Kranenburg, Telefon 0 28 26/9 20 94, Fax 0 28 26/9 20 98

Bootsfahrt: Rundfahrtboot „De Duffelt", Kleve; Abfahrt am Leinpfad - Stadthafen; Ausflüge nach Arnheim, Nijmegen und Emmerich sowie in das Naturschutzgebiet Gelderse Poort (einschließlich Fahrradbeförderung)

Auskünfte: Schiffahrtbetrieb „De Duffelt", P/A Heerbaan 186, NL - 65 66 EW Millingen A/D Rijn, Telefon 00 31/4 81/43 12 04

Unsere Tour beginnt entweder am **Bahnhof Xanten** oder auf dem Parkplatz vor dem **Archäologischen Zentrum**. In beiden Fällen radeln wir am *Klever Tor* vorbei, wo wir auf die „Klever Straße" treffen (Radwegesymbol *2LR-Niederrhein-Route*). Dort biegen wir rechts ein und rollen anschließend über die „Siegfriedstraße" vorbei an der *Antoniuskapelle* (17. Jahrhundert) in Richtung *Kaiserthermen*. Nach der Kapelle wechseln wir auf den Radweg linksseitig (Radwegesymbol *2LR-Niederrhein-Route-Via Romana*) und erreichen kurz darauf zur Linken den *Matronentempel* (2. Jahrhundert). Geradezu erhebt sich eine weitere, prachtvolle *Steinturmwindmühle* (18. Jahrhundert), in der in Kürze ein Müller seine Arbeit aufnehmen wird. Vor der Müh-

Salmorth
Rhein
Dornick
Grietherbusch
Griethausen
Brienen
Grietherort
Speldrop
Wardhausen
Warbeyen
Grieth
Rees
Rindern
Haus
Schmidthausen
Rhein
Hagener
Meer
Kellen
Wissel
Haffen
Mehr
Schwanen-
burg
Riswick
Speetenhof
Qualburg
Hasselt
Schloß
Moyland
Kalkar
Nütterden
Kleve
Siedlung
Weißes
Tor
Bedburg-Hau
Kalkarberg
Rhein
Vynen
Xantener
Nordsee
Appeldorn
Wardt
Mater-
born
Altkalkar
Rhein
Reichswalde
Kehrum
Lüttingen
Marwick
Xantener
Südsee
Marienbaum
Archäologischer-
Park
Amphitheater
Xanten
Fürstenberg
N
Nierswalde
Schmachdarm
Pfalzdorf
Hollen
Grunewald
Nergena
Dam
Kessel
Goch
Uedem
Uedermerbruch
Birten

le lenken wir unsere Räder nach links in die „Trajanstraße“ ein und fahren gemütlich über beste Radwege bis zur nächsten Abzweigung, dem „Orwatersweg“, in den wir rechts einbiegen. Rechter Hand erheben sich die verglasten Hallen der *Kaiserthermen* (2. Jahrhundert), die eine Besichtigung lohnen. Dabei kann man den Archäologen bei ihrer Ausgrabungsarbeit zusehen, was übrigens für den gesamten Archäologischen Park gilt.

Durch Feld und Flur geht die Fahrt bis zum „Piepersweg“, wo wir uns links halten und den Wegemarkierungen folgen. Wir passieren eine typische Streuobstwiese und gelangen zur Einmündung in eine Landstraße, in die wir rechtsseitig einfahren. Die Straße schlängelt sich durch Wiesen und Weiden, bis wir nach rund 1500 Metern links einbiegen und nach 50 Metern an der Wegekreuzung gleich wieder links fahren. Zu unserer Rechten erhebt sich das stattliche *Franziskanerkloster Mörmter* (18. Jahrhundert), wo sich unter hohen Bäumen eine erste Rast einlegen lässt. Wir radeln weiter geradezu durch Feld und Flur und gelangen zu zwei Häusern mit einer kleinen *Evangelischen Kirche* (17. Jahrhundert) inmitten kraftvoller Bäume, wo wir ein wenig verschnaufen sollten.

Unser Radweg schlängelt sich zunächst an einer Kirschbaumplantage vorbei (linker Hand auf dem Höhenrücken steht eine Radarstation), wechselt dann in einen Eichenhain über, an den sich weitläufige Erdbeerplantagen anschließen. An der nächsten Einmündung halten wir uns rechts und erreichen die Obstplantagen Rainer Treffler, wo der Radwanderer seinen täglichen Vitaminstoß erhalten kann. Auf der Straße „Düsterfeld“ gondeln wir gemächlich bis zur Einmündung in die „Kalkarer Straße“ B 57, biegen nach links ein und folgen dem Radweg in Richtung Kalkar (Wegesymbol *2LR-Niederrhein-Route-Via Romana*). Rechter Hand schiebt sich wie ein Bollwerk *Haus Balken* (17. Jahrhundert) ins Sichtfeld und kurz darauf sind wir schon im Wallfahrtsort **Marienbaum** angekommen. Die Wallfahrtskirche *St. Marien* (16. Jahrhundert) und der kleine Ort selbst sind überaus lohnende Besichtigungsziele. Von der „Kalkarer Straße“ biegen wir nach links ein in die „Uedemer Straße“ und radeln bis zum „Spar“-Laden. Dort halten wir uns rechts und fahren in die „Milchstraße“ ein. Nach 400 Metern liegt zur Rechten ein herrlicher Rastplatz, der den müden Wanderer ebenso einlädt wie den geplagten Radfahrer.

Unser Weg verläuft durch Wiesen voller Blumen und an der nächsten Einmündung (bei der Eiche mit Sitzbank) folgen wir dem Wegeverlauf nach links, um an der nächsten Einmündung gleich rechts einzubiegen. Rechter Hand passieren wir eine mächtige *Eiche* (500 Jahre alt) und stoßen anschließend auf ein Wegedreieck (*Sitzbank mit Tisch an einer Eiche*), wo wir uns rechts halten. Wir radeln bis zum „Wüldersweg“, fahren dort rechts ein und bleiben auf diesem Weg bis zur Hauptstraße B 57, die wir queren. Auf der anderen Seite nehmen wir geradezu den „Mühlenberg", der sich durch Feld und Flur schlängelt, queren dabei den *Leybach*, fahren vorbei an Bauernhöfen, bis wir zur Rechten an das *Schützenhaus* der St. Lambertus Schützenbruderschaft gelangen. Auch hier bietet sich die Gelegenheit unter Schatten spendenden Bäumen eine wohlverdiente Pause einzulegen und die anmutige Niederrheinlandschaft zu genießen. Über den „Eselsweg" rollen wir in aller Ruhe in den Ort **Appeldorn** hinein (Radwegesymbol *2LR-Niederrhein-Route-Via Romana* beachten) und weiter bis zur „Reeser Straße", die wir queren und auf der anderen Seite in den „Oyweg" einfahren. Dieser Wegeführung folgen wir nun in Richtung Kalkar und queren später über eine Brücke die B 67. Geradezu geht der Weg durch die niederrheinische Wiesen- und Aulandschaft immer auf dem „Oyweg" entlang auf Kalkar zu. Wir radeln jetzt längs des Leybachs und folgen diesem bis zu einem Brückchen, vor dem wir rechts abbiegen in den Weg „Zur Oy". Rechter Hand voraus blinken die Türme von *Kernwasser-Wunderland* im Sonnenlicht und zur Linken erhebt sich der Kirchturm von Kalkar weithin sichtbar über die waldreiche Aue. Wir rollen leicht am Leybach entlang über den „Sebastianswall" auf Kalkar zu.

An der kleinen Holzbrücke biegt die *Via Romana* links ab. Wir fahren geradeaus weiter und erreichen bei der *Kalkarer Mühle „Brauhaus"* (18. Jahrhundert) die Stadt **Kalkar**. Dort queren wir den Leybach über eine Brücke und sind schon auf der „Hanselaerstraße", über die wir direkt, vorbei am *Städtischen Museum* (15. Jahrhundert) bis zum *„Markt"* (historischer Ortskern) mit *Rathaus* (15. Jahrhundert) und imposanten Bürgerhäusern gelangen. Für Kalkar sollte man sich ein wenig mehr Zeit lassen, denn die Stadt hat immens viel an historischen Gebäuden und an Kultur vorzuweisen. Die große Linde auf dem Platz vor dem Rathaus ist bei Radwanderern ein beliebter Treffpunkt. Vom „Markt" folgen wir der „Altkalkarer Straße" zunächst bis zum Parkplatz „Zum Schwanenhorst", wo sich zur Linken inmitten eines Parks der *Schwanenweiher* erstreckt. Ein idealer Ort um die Beine ein wenig hoch zu legen. Weiter geht die Fahrt bis zum Kreisverkehr mit Brunnen, wobei wir den Kreis durchfahren und dabei die B 57 queren. Vorsicht bei allen Kreisverkehren, die wir durchradeln, besonders an Bundesstraßen: Hier herrscht meistens mehr Verkehr als auf den ruhigen Land- und Kreisstraßen.

Auf der anderen Seite radeln wir über die stillgelegte Bahnstrecke Xanten-Kleve, fahren in die „Gocher Straße" ein, um gleich hinter der Bahnschranke rechts in den „Behrnenweg" einzulenken. Damit haben wir **Altkalkar** erreicht und orientieren uns nun am Wegesymbol *2LR-Niederrheinroute-Via Romana*, das uns den „Behrnenweg" bis zur Einmündung in den „Horster Weg" anzeigt. Dort fahren wir halb links und radeln direkt auf *„Haus Horst"* (17. Jahrhundert) zu, in dem sich heute eine Seniorenresidenz befindet. Auf dem kleinen Parkplatz vor der Sauna reckt eine 800-jährige

Eiche ihre gewaltige Krone in den Himmel. Wir umrunden „Haus Horst“ und rollen weiter über den „Horster Weg“ durch Feld, Flur und Wald bis zur „Mössekiep“ und biegen dort nach rechts ab. Am folgenden Wegedreick *Mössekiep-Roßkamp* halten wir uns scharf rechts und gondeln an einem Bauernhof vorbei direkt auf den Wald zu. An der nächsten Einmündung (gegenüber steht ein Rietdachhaus) lenken wir unsere Räder nach links ein in die „Berk'sche Straße“ und radeln durch einen Hohlweg bis zu einer weiteren Einmündung in eine Landstraße. Diese queren wir und nutzen auf der gegenüberliegenden Seite gleich den Radweg nach rechts. Nach 100 Metern heißt es links auf der „Berk'schen Straße“ weiterradeln und wir genießen die Fahrt durch eine prachtvolle Maronenallee, die uns bis zur Einmündung in die „Kalkarer Straße“ B 57 am *Golfpark* begleitet. Zur Linken stehen mächtige Eichen in den Wiesen und Weiden. Eine davon ist tausend Jahre alt und noch teilweise belaubt. Nun biegen wir nach links auf den Radweg ein und rollen leicht auf einen Kreisverkehr zu. Im Kreisverkehr halten wir uns an den Hinweis *Schloss Moyland* und radeln auf der anderen Seite in die „Moyländer Allee“ ein.

Zur Rechten erhebt sich zwischen Linden die alte *evangelische Kirche* (17. Jahrhundert) und gleich dahinter das Restaurant „Alte Post“. Zur Linken führt uns der Weg direkt durch eine lauschige Allee zum Eingangsbereich des **Schlosses Moyland** (16./19. Jahrhundert). Schloss und Park sind in jedem Fall eine Besichtigung wert. Wer sich für zeitgenössische Kunst interessiert, ist hier genau richtig. Die größte *Beuys-Sammlung* der Welt ist hier zu finden. Nach der Besichtigung radeln wir durch die „Moyländer Allee“, eine stattliche Eichenallee, in Richtung Kleve und passieren dabei den großen Golfplatz, der rund um das Schloss angelegt ist. Am *Ehrenmal* halten wir uns halb links und folgen dem Weg über die Eichenallee (Wegesymbol *2LR-Niederrheinroute-Via Romana*) bis zum nächsten Wegekreuz, wo wir uns links halten und dem Radweg nachfahren. Eine erneute Einmündung weist uns nochmals links. Getreidefelder, Wiesen und Weiden, Wald und Wasser sind die gestaltenden Elemente der Niederrheinlandschaft in diesem Tourabschnitt. Nach 500 Metern gelangen wir an ein *Andreaskreuz*, wo wir wieder die stillgelegte Bahnstrecke „Xanten - Kleve“ queren. Gleich dahinter heißt es für uns rechts einbiegen in den „Alter Kirchweg“, dem wir bis zur „Bienenstraße“ folgen, in die wir zur Linken einlenken. Wir lassen den üppigen Erlen- und Eichenbruch auf uns einwirken und gondeln leichten Radlaufs durch eine idyllische Landschaft. An der Abzweigung „An der Linde“ müssen wir uns rechts halten und mit den nächsten Metern ist bereits **Hasselt** erreicht, das zur Gemeinde Bedburg-Hau gehört. Unser Weg führt nun bis zur „Holzstraße“ (*gegenüber einer 600-jährigen Linde*), in die wir linksseitig einradeln.

Wir folgen der „Holzstraße" bis zur Kreuzung mit der B 57, queren diese und radeln auf der gegenüberliegenden Seite in den „Johan-van-Aken-Ring" ein, dem wir bis zur Abzweigung „Am Ehrenmal" nachfahren. Es besteht die Möglichkeit, den „Johan-van-Aken-Ring" weiter geradeaus über den 2LR hügelan zu fahren, bis wir auf die Einmündung „Rosendaler Weg" stoßen. Dort biegt man rechts ein und radelt den Weg durch weitläufigen Wald vorbei an Einfamilienhäusern bis zum Beginn der „Nassauer Allee". Ab hier ist die Wegeführung wieder identisch mit der Fahrt ab Abzweigung „Am Ehrenmal".

Wir nehmen den Weg „Am Ehrenmal" und fahren rechts ein, wobei wir jetzt nur dem Wegesymbol *Via Romana* folgen und gelangen so auf den „Südplan", dem wir ein gehöriges Stück bis zur Straße „An der Molkerei" nachfahren. Am Restaurant „Pott und Pann" biegen wir links ein und radeln bis zur nächsten Einmündung, in die wir rechtsseitig einrollen in Richtung Schneppenbaum. Über den „Bedburger Weg" geht die Fahrt bis an eine weitere Einmündung, wo wir abermals rechts einbiegen.

Nach 100 Metern Radwanderung heißt es zum dritten Mal rechts, denn nun befinden wir uns in der „Norbertstraße" in *Schneppenbaum*. Norbert von Xanten gründete im 12. Jahrhundert ein *Prämonstratenser Kloster*, von dem nur noch die alte Kirche existiert. Wir gelangen zu einer *rot-weißen Barriere*, vor der wir links in einen Weg einbiegen und zwischen Kleingärten hindurch direkt auf die Kirche zuradeln. Noch vor der Kirche biegen wir scharf rechts ab in die „Lindenallee", rollen bis zum Ende durch und fahren nach 200 Metern erneut rechts beim Schild *Sozialstation* ein. Unsere Fahrt führt nun durch Felder und Weiden bis zu einer zweiten *rot-weißen Barriere*, die wir linksseitig umfahren. Linker Hand sehen wir schon die Türme und Mauern der mächtigen Schwanenburg, die weithin die niederrheinische Tiefebene beherrscht. Wir gondeln gemütlich bis zur „Hauptstraße", queren diese und nehmen auf der anderen Seite die „Koppelstraße" nach *Qualburg*, ein Stadtteil von Bedburg-Hau. Bis zur Ortsmitte bei der Kirche rollen wir, um dann nach links in die „Kirchstraße" einzuschwenken. Jetzt radeln wir bis zur Kreuzung mit der B 57, queren diese und fahren gegenüber auf dem Radweg in Richtung Kleve (Hinweisschild *2 Kilometer*). Nun passieren wir die Eisenbahnstrecke „Geldern - Kleve" und treten ein wenig kräftiger in die Pedale.

Das Wasserschloss Moyland

Der Anstieg zur Stadt Kleve und Schwanenburg beginnt. An der nächsten ampelgeregelten Kreuzung (gegenüber Restaurant „Le Bagerie") biegen wir rechts in die „Uedemer Straße" ein und kommen am Hotel „Berg und Tal" vorbei, das zu unserer Rechten liegt. Kurz dahinter sehen wir ebenfalls rechts in einer Talsenke das *Grabmal* von *Johann Moritz von Nassau-Siegen*, dem ehemaligen Regenten der Stadt Kleve. Anschließend queren wir an einer weiteren Ampelanlage den „Klever Ring" und rollen zügig hügelwärts nach Kleve hinein (Wegesymbol *2LR-Via Romana*). Dann ist die Kreuzung „Nassauerallee" erreicht und wir folgen nun dieser Straße in Richtung Innenstadt Kleve. Zur Rechten radeln wir bald durch einen herrlichen Park, den *Moritzpark* an der „Nassauerallee", den der Kunstliebhaber Johann Moritz von Nassau-Siegen im 17. Jahrhundert hier anlegen ließ. Rund um die Schwanenburg finden sich daher ausgedehnte Parkanlagen, die allesamt auf den Stadthalter zurück zu führen sind. In diesem Park steht auch der *Eiserne Mann*, ein aus Kanonenrohren und Bombenkesseln bestehendes Denkmal. Über die „Nassauer Allee" gondeln wir gemütlich in die „Nassauerstraße", an die sich die „Goldstraße" anschließt, in die wir rechts einfahren. Wir folgen dem Verlauf dieser Straße und dann erhebt sich die mächtige **Schwanenburg** auf einem Felsrücken vor unseren Augen. Nun sind wir wirklich im Zentrum der Stadt **Kleve** angekommen. Gegenüber der Burg auf einem kleinen Platz steht das *Denkmal* des *Großen Kurfürsten*, das an die 300-jährige Verbindung der Stadt Kleve mit Brandenburg-Preußen erinnert. Talwärts führt nun der Weg hinein in die Fußgängerzone von Kleve, wo es genügend Cafés und Restaurants zur Auswahl gibt. Am „Fischmarkt" mit dem *Lohengrin-Brunnen* lässt es sich mit Blick auf die Burg ausgezeichnet sitzen, plaudern und schmausen.

Über „Klosterplatz" und „Herzogbrücke" gelangt man in wenigen Minuten zum Bahnhof oder auf den Uferweg „Kermisdahl" unterhalb der Burg und weiter zum „Leinpfad" am *Spoykanal* mit dem Stadthafen. Hier fahren die Boote ab oder kommen an von und nach *Millingen/NL.*

Nicht versäumen sollte man den Aufstieg zum höchsten Berg Kleves und des gesamten unteren Niederrheins, den *Klever Berg* mit *Königsallee.* Die Aussicht vom Turm ist fantastisch und erlaubt eine Fernsicht bis weit in die Umgebung, so nach Xanten, Goch, Nijmegen oder den Eltenberg.

15 Von Kleve über Kranenburg nach Nijmegen

Korn mahlen, Brot backen, Störche zählen

Start: Kleve (Bahnhof)
Ziel: Nijmegen/NL
Länge: 34 km
Verlauf: überwiegend befestigte Radwege durch kleinere Ortschaften, Alleen, Feld und Flur, eine leichte Steigung kurz vor Nijmegen, ansonsten ebenerdige Radwanderung
Rückfahrt: von Nijmegen mit dem Zug zurück in Richtung Emmerich - Kleve oder mit dem Bus nach Kleve; nächste Bahnhöfe: Kleve, Wesel, Emmerich; Busbahnhof Kleve: Verbindungen nach Nijmegen und in alle Städte des Umlandes, so nach Goch, Xanten, Wesel, Emmerich; Busverbindung: Linie 59 von Kleve nach Zyfflich; Autobahnanschlüsse: A 57 Ausfahrt Goch/Kleve, B 9 nach Kleve, B 57 Xanten - Kalkar - Kleve
Entdecken: Altstadt mit Schwanenburg von Kleve, Tiergarten und Kurpark, Windmühlen und Herrensitze von Kleve bis Nijmegen, Schlösser und Burgen, mittelalterliche Städtchen, Wallfahrtsort Kranenburg, Schloss Gnadenthal und Wasserburg Rindern, Alte Mühle von Donsbrüggen, die Störche von Zyfflich, Vogelschutzgebiet „De Gelderse Poort“ nahe Nijmegen, römische Kaiserstadt Nijmegen am Waal (Rhein) mit ihrer prachtvollen Altstadt und dem Hafen
Karte: 1 : 50 000 Radwanderkarte Niederrhein Nord - Reichswald-Gocher Heide, Regio Cart RV Verlag Nr. 33534
Einkehr: zahlreiche Gelegenheiten entlang der Strecke
Unterkunft: Jugendherberge St. Annaberg 2, Kleve-Materborn, Telefon 0 28 21/2 36 71, Fax 2 47 78; zahlreiche Pensionen und Privatquartiere sowie Ferienwohnungen im Streckenverlauf

Die tausendjährige Stadt Kleve hat einiges zu bieten, so einen prachtvollen Kurgarten, ein barockes Amphitheater, einen Tierpark und jede Menge Museen. Darüberhinaus noch zahlreiche Kanäle, von denen einer, der Spoykanal, die Stadt mit dem Rhein verbindet. Eine Tretbootfahrt sollte man sich nicht entgehen lassen. Das Umland präsentiert sich als eines der waldreichsten im Westen Deutschlands, wozu der berühmte „Reichswald“ seinen gehörigen Anteil beiträgt. Radwanderungen in und um Kleve gehören daher mit zu den schönsten und abwechslungsreichsten in der Region linker Niederrhein.

15 Von Kleve über Kranenburg nach Nijmegen

Besuche von Schloss Rindern und Schloss Gnadenthal in unmittelbarer Nähe der Stadt lassen die Epochen einer großen Vergangenheit lebendig werden. Deshalb ist es einfach ein Muss, die letzte Etappe im Verlauf des Fernradweges der Zwei-Länder-Route von der Kaiserstadt Aachen in die Kaiserstadt Nijmegen zu erradeln. In Donsbrüggen haben kleine und große Bäcker Gelegenheit, sich mit eigener Hand ein herzhaftes Vesper zu backen. Nebenbei wird noch die Alte Mühle besichtigt, deren Windflügel und Mahlwerke sich seit mehr als 120 Jahren ohne Murren drehen. Nicht weniger reizvoll bietet sich die Kranichstadt Kranenburg dem Besucher an. Stadtmauer, alte Mühle und zahlreiche Wehrtürme legen Zeugnis ab von der Baukunst des Mittelalters. Wer glaubt, dass Störche nur in Norddeutschland brüten, irrt sich gewaltig. In Zyfflich kann man das Brutgeschäft und die Aufzucht der Jungstörche aus nächster Nähe bewundern. Dann sind wir auch schon in Holland. Über einen fantastischen Deichweg radeln wir längs des Rheins, der in Holland Waal heißt, durch das größte Vogelschutzgebiet am linken Niederrhein in den Niederlanden, „De Gelderse Poort". Dann sind es nur noch wenige Kilometer und die ehemalige römische Kaiserstadt Nijmegen, zugleich älteste Stadt Hollands, empfängt uns mit ihrer ganzen Pracht.
Bitte beachten Sie auch den Infoteil Kapitel 14.

Museum Katharinenhof Kranenburg (Mühlenstraße 9, Telefon 0 28 26/6 23

Geöffnet:	dienstags bis sonntags	14.00 - 17.00 Uhr
	sonntags	11.00 - 12.00 Uhr
	montags	geschlossen
Auskünfte:	Telefon 0 28 26/6 23 und 9 22 83	

Velorama, Fahrradmuseum (NL-6511 XR Nijmegen, Waalkade 107, gleich an der 2LR)

Geöffnet:	täglich	10.00 - 17.00 Uhr
	sonntags und feiertags	11.00 - 17.00 Uhr
	am 25. Dezember und 1. Januar	geschlossen
Eintritt:	Familie	NLG 25,00
	Erwachsene	NLG 10,00
	Senioren (ab 65 J.)	NLG 7,50
	Kinder	NLG 6,00
	Behinderte	NLG 7,50

Biblisches Freilichtmuseum (Profetenlaan, NL-6564 BL Heilig Landstichting, Telefon 00 31/24/3 82 31 10, Fax 3 82 31 11)

Eintritt:	Erwachsene	NLG 12,50

Kinder	NLG 6,50
Senioren/Studenten	NLG 10,50
Kinder (bis 4 J.)	frei
Gruppen pro Pers.	NLG 10,50
Schulen pro Pers.	NLG 5,50

Afrika Museum (Postweg 6, NL-6571 Berg en Dal,
Telefon 00 31/24/6 84 20 44, Fax 6 84 19 22)

Geöffnet:	1. April bis 1. November	
	montags bis freitags	10.00 - 17.00 Uhr
	samstags sonntags, und feiertags	11.00 - 17.00 Uhr
	2. November bis 31. März	
	montags	geschlossen
	dienstags bis freitags	10.00 - 17.00 Uhr
	samstags sonntags, und feiertags	13.00 - 17.00 Uhr
	25. Dezember und 1. Januar	geschlossen
Eintritt:	Erwachsene	NLG 10,00
	Kinder	NLG 5,50
	Senioren	NLG 6,50
	Schulen pro Pers.	NLG 4,50
	Studenten	NLG 6,00

Natuur Museum Nijmegen (Gerard Noodtstraat 121, NL-6511
ST Nijmegen, Telefon 00 31/24/3 29 70 70,
Fax 3 29 70 79)

Eintritt:	Erwachsene	NLG 3,00
	Kinder	NLG 2,00
	Senioren	NLG 2,00
	Gruppen	halbe Preise

Auskünfte: Schifffahrtbetrieb „De Duffelt", P/A Heerbaan 186,
NL-65 66 EW Millingen A/D Rijn,
Telefon 00 31/4 81/43 12 04;
Alte Mühle Donsbrüggen,
Telefon 0 28 21/72 88 82;
Internet: www.rheinland.com/muehlen/donsbrueggen

Waalrundfahrt von Nijmegen aus nach Emmerich und zurück:
VVV Rijk van Nijmegen, St. Jorisstraat 72,
NL-6511 TD Nijmegen, Telefon 00 31/6/91 12 23 44

Mit dieser Etappe von Kleve nach Nijmegen haben wir die Zwei-Länder-Route von der deutschen Kaiserstadt Aachen bis zur römischen Kaiserstadt Nijmegen in den Niederlanden mit Bravour gefahren. Rund dreihundert Fahrrad-Kilometer liegen hinter uns, eine

Strecke, die sich sehen lassen kann und das im wahrsten Sinne des Wortes. Wir dürfen stolz auf uns sein und haben allen Grund zum Feiern. Welcher Ort bietet sich dazu besser an, als das Ziel dieser Zwei-Länder-Fahrt, nämlich Nijmegen. Bevor wir endlich die Beine hochlegen und die Stationen unserer Radwanderung Revue passieren lassen, haben wir noch ein paar winzig kleine Kilometer zu radeln, was ja inzwischen für uns so „lebenswichtig" geworden ist wie ein gutes Frühstück. Der Start dieses letzten Tourabschnittes ist der **Bahnhof** in Kleve, wo auch die Autofahrer unter uns ausreichend und kostenfreie Parkplätze finden.

Vom „Bahnhofsplatz" biegen wir in die „Lohengrinstraße" ein, folgen dieser bis zur „Kalkarer Straße", wo wir uns links halten. Dann ist die „Turmstraße" erreicht, in die wir rechts einfahren bis zur „Kermisdahlstraße". Im weiteren Verlauf gelangen wir bis zur Einmündung auf den „Königsgarten", wo es für uns rechts einfahren heißt. Gleich gegenüber befindet sich das Hallenbad, und der Ausblick auf die Schwanenburg ist wirklich eindrucksvoll. Am Restaurant „Königsgarten" besteht die Möglichkeit, ein Tretboot zu mieten. Eine Fahrt über den *Spoykanal* bis zum Stadthafen ist schon eine lustige Angelegenheit. Wer zum Rhein möchte, braucht nur den Kanal weiter zu fahren und gelangt automatisch an die Schleuse bei *Wardhausen.*

Wir queren die Brücke und radeln zunächst längs des Kanals bis zur Einmündung „An der Münze". Dort biegen wir links ab in die Innenstadt, radeln bis zur „Wasserstraße", um dann linker Hand in die „Kavariner Straße" einzulenken. Dieser Straße fahren wir rechts nach und richten uns dabei nach dem Wegesymbol *2LR/Niederrhein-Route/Via Romana.* Über die „Kavariner Straße" gelangen wir auf die „Tiergartenstraße", auf der wir ein gehöriges Stück entlangradeln in Richtung *Kranenburg - Nijmegen.* Wir passieren das Kurviertel mit dem *Koekkoek* und *Mataré Museum* und können rechter Hand über die „Wasserburgallee" zum *Wasserschloss Rindern* (17. Jahrhundert) fahren. Unbedingt durchradeln sollte man den Kurpark mit zum Teil 500-jährigen Bäumen. Geradezu geht die Fahrt, dann wechseln wir auf die linke Fahrbahnseite (Radwegverlauf geändert!) und kommen zum *Museum Kurhaus* zu unserer Linken.

Bis zu Beginn des 20. Jahrhunderts war Kleve auf Grund einer Mineralquelle Kurstadt. Die schmucken Häuser aus der Gründerzeit legen davon beredtes Zeugnis ab. Dann öffnet sich linker Hand die hügelige Waldlandschaft und gibt den Blick frei auf das *Amphitheater.* Zur Rechten erstreckt sich weitläufig der *Prinz Moritz Kanal* (17. Jahrhundert), eine imposante wasserbautechnische Anlage. Gleich daneben ist auch der Eingang in den *Klever Tierpark*, dessen Besuch wir in jedem Fall empfehlen. Die „Tiergartenstraße" geht nun ein kurzes Stück in die „Eichenallee" über, nicht zuletzt wegen

De Vossenpols
Groenlanden
Doornik
Kommerdijk
Gendt
Bijlands
Millingen
Elten
Haufberg
Rhein
Lent
Kekerdom
Lobith
Hochelt
Weurt
Biezen
Tiengeboden
Ooij
Rhein
NL
Bimmen
Rijnwaarden
Hees
Nijmegen
Tolkamer
Spijk
Linden-
holt
Rhein
Keeken
Hengstdal
Ubbergen
Schenken-
Schanz
Goffert-
stadion
Beek
Salmorth
Heilig Land-
stichting
Düffelward
Dukenburg
Heyendaal
Bijbels-
museum
Berg
en Dal
Die Düffel
Wardhausen
Afrika-
museum
Brienen
Hatert
Brakkenstein
Wyler
Mehrdamshof
Griethau
Mehr
Kleyen
Rindern
Weezenhof
N
NL
Speetenhof
Donsbrüggen
Malden
Kranenburg
Schwanen-
burg
Haus
Schmidthause
Nütterden
Kellen
Groesbeek
De Lubert
Blankenberg
Hettsteeg
Kleve
Tütthees
Riswick
Galgensteeg
Molenhoek
De Horst
Frasselt
Königsheide
Qualbu
Breedeweg
Schottheide
D
Siedlung
Mater-
Reichswalde
Nergena Nord

der stattlichen Bäume, die uns beiderseits der Straße tüchtig Schatten spenden. Wir radeln nun durch dichten Wald und die Eichenallee wird dann erneut zur „Tiergartenstraße“, auf der wir bis *Kleve-Donsbrüggen* rollen.

Dann ist **Donsbrüggen** erreicht, und an der *Kirche St. Lambertus* biegen wir rechts ab in die „Mehrer Straße“ (Hinweisschild *Niel-Mehr*), über die wir den Ort durchfahren, anschließend Wiesen und Weiden passieren, um dann bei der *Alten Mühle Donsbrüggen* (19. Jahrhundert) Station zu machen. Eine Besichtigung mit Backstunde ist ein ganz tolles Erlebnis und wenn der Wind günstig ist, drehen sich die mächtigen Flügel derart, dass einem die Ohren rauschen. Auf der Landstraße fahren wir unter schattigen Pappeln entlang, bis wir auf die „Wibbelt Straße“ gelangen. Weitläufig ist die niederrheinische Feldflur, und als wir rechter Hand an zwei alten Linden vorbei radeln, haben wir den Ort **Mehr** erreicht. Die *Alte Schule* und *Alte Molkerei* gehören ebenso zum Ortsbild wie die *Burg* (Haus) *Zelem* (Privatbesitz), die man über den „Zelemer Weg“ ab der Alten Molkerei erreicht. Wir bleiben weiter auf dem Radwanderweg *2LR/Niederrhein-Route/Via Romana*, radeln durch Mehr und sehen zur Linken das Restaurant „Alte Schule“, das seine Gäste stets willkommen heißt. In der Ortsmitte gelangen wir in einer Kurve zur alten *Kirche* (16. Jahrhundert), die man sich ruhig anschauen sollte. Unser Wegweiser zeigt nun auf Kranenburg, das mit jeder Pedalumdrehung näher kommt. Am Hinweisschild *Niel 4 Kilometer* radeln wir geradezu in die „Pferdekämpe“ ein und schon bald rückt eine weitere Mühle ins Blickfeld. Wir befinden uns jetzt auf dem *Radweg 2LR/Niederrhein-Route/R4*, der sich durch Wiesen und Weiden schlängelt, Bachläufe überquert, Teiche und Weiher passiert und unter einer prächtigen Allee entlang führt, bis wir die Einmündung in die „Tiggelstraße“ erreichen. Dort fahren wir links ein und folgen dem Hinweis auf Kranenburg. Eine fantastische Linden- und Ahornallee gibt uns Geleit bis an den Ortsrand von **Kranenburg**, in dem wir nun angekommen sind. Jetzt wechseln wir nach links auf den Radweg und biegen an der Einmündung „Große Straße - Nimegener Straße“ nach links ein, wobei wir auf die Kirche *St. Peter und Paul* (15. Jahrhundert) zu halten. Dann heißt es am *Markt* erneut links (beim *Ochsentränkebrunnen*, der eine künstlerische Kuriosität ist), wir überqueren den Platz und radeln gemütlich nach rechts in den „Uitweg“ ein, den wir nach weiteren 300 Metern rechts über das „Löwengäßchen“ verlassen.

Die Schwanenburg in Kleve

An der Ampel stoppen wir, queren die Straße und fahren auf der anderen Seite in die „Mühlenstraße" ein, auf der wir bis zum *Mühlenturm* und zur *Stadtmauer* gelangen. Linker Hand kommen wir am *Museum Katharinenhof* (15. Jahrhundert, ehemals Kloster der Augustinerinnen) vorbei und haben kurz darauf die alte Mühle erreicht. Interessant und sehr idyllisch ist eine Rundfahrt oder ein Spaziergang längs des alten Stadtgrabens und der Stadtmauer, wo zahlreiche alte Häuser und Wehrtürme von längst vergangenen Zeiten künden und die Kranenburger gerne den Touristen die Geschichte ihrer Stadt erzählen. Ungebrochen ist die Bedeutung Kranenburgs als Kreuzwallfahrtsort seit dem 14. Jahrhundert. Wir folgen dem Hauptweg weiter bis zum stillgelegten Bahnhof, halten uns dann rechts und radeln längs der Schienen bis zu einem Wegedreieck, wo es für uns erneut rechts heißt (Hinweise *Emmerich-Grieth*-Wegesymbol *2LR/Niederrhein-Route/Via Romana*) und wir in den „Hettsteg" einlenken. Diesem Weg folgen wir bis zur Einmündung in die „Nimegener Straße" und biegen dort nach links ab in Richtung *Wyler*. Im späteren Verlauf nennt sich die Straße „Hauptstraße", die uns bis Wyler führt.

Dann verlassen wir die „Hauptstraße" und rollen in die „Alte Heerstraße" auf Zyfflich ein (Wegesymbol beachten *2LR-Niederrhein-Route-Reichswald-Route*). An der Stopp-Straße queren wir die B 9 und fahren auf der anderen Seite in den „Häfnerdeich" ein, der uns eine weitere, wunderschöne Allee beschert, die uns geradewegs nach **Zyfflich** führt. Am Ortseingang empfängt uns rechter Hand die alte *Stützpfeiler-Basilika* (11. Jahrhundert), die auf den Resten einer ehemaligen Burg errichtet wurde. Linker Hand steht die Dorfscheune, die heute das Schützenhaus beherbergt. Wir radeln geradewegs in die „Leuther Straße" ein und sehen nach 100 Metern zur Rechten ein Storchennest, in dem die Altvögel *Jan* und *Marie* ihre Jungen aufziehen. Es ist das vierte Mal seit 60 Jahren, dass wieder Störche in Zyfflich brüten. Bitte nicht den Weg verlassen und die schönen Vögel in keiner Weise stören. Sie sind auch vom Weg aus sehr gut zu beobachten.

Am nächsten Wegedreieck halten wir uns rechts und radeln längs eines breiten Wassergrabens, wo uns der Froschchor lautstark begrüßt. Durch eine Pappelallee gondeln wir gemütlich durch Feld und Flur, queren an der kleinen Brücke den Wassergraben nach rechts und sind jetzt in den **Niederlanden**. Der Radweg schlängelt sich am Wasserlauf vorbei, wo Hecht und Zander mit bloßem Auge im klaren Wasser zu erkennen sind, und das Lied der Nachtigallen aus den Büschen klingt. Zur Rechten lädt ein schattiger Rastplatz zum Verweilen ein, bevor wir uns der Hauptstraße nähern, die wir queren, um auf der anderen Seite auf den Deichweg „Kerkdijk" zu rollen. Der folgende Radwegeabschnitt führt uns über den Deich Waal (rheinabwärts) bis Nijmegen und gehört zu den schönsten Tourstrecken der Zwei-Länder-Route. Durch eine Wiesen-, Weiden- und Aulandschaft rollen die Räder fast von alleine auf einem erstklassigen Radweg bis zur Ortschaft *Ooij*, wo wir auf den „Hubertusweg" treffen, in den wir rechts einbiegen.

Diesem Weg folgen wir bis auf den großen Rheindeich an der Einmündung am Wegweiser *Ooij 2 Kilometer/ Beek 5 Kilometer*, wo wir links einbiegen (Wegesymbol *2LR-Rhein-Waal-Route*). Vom Deichweg aus bietet sich ein beeindruckendes Bild auf den mächtigen Waal, der seine Wassermassen durch Holland in die Nordsee schiebt. Emsiges Treiben herrscht auf der am meist befahrenen Wasserstraße der Welt und von der nahen Lotsenstation lässt sich den Skippern fast in den Kochtopf schauen. Zur Rechten kommt dann die Badebucht *Bisonbay* in Sicht, wo das freizügige Baden und Campen in idyllischer Lage erlaubt ist. Kurz danach präsentiert sich das Restaurant-Café-Hotel „Oortjeshekken" dem hungrigen und durstigen Radwanderer mit seinem herrlichen Biergarten, wo sich zünftig vespern lässt. Prachtvolle Rietdachhäuser säumen unsere Strecke und sind zuweilen beängstigend nah an den Strom gebaut. In Schleifen und Windungen folgt der Weg dem Deich in Richtung Nijmegen, dessen große Waalbrücke schon weithin sichtbar ihre mächtigen Bögen über den Strom spannt. Hinweise auf die *Issel-Linie*, eine Kampfstellung aus dem 2. Weltkrieg, reihen sich längs des Deiches bis hinauf nach Nijmegen.

Kolke, Polder, Teiche und Weiher prägen nun das Bild beiderseits des Deiches, auf denen sich unzählige Wasservögel tummeln. Wir befinden uns jetzt im größten Vogelschutzgebiet des linken Niederrheins und holländischen Waals „*De Gelderse Poort*", das sich auf mehrere Kilometer in der Aulandschaft und dem Deichvorland erstreckt. Wir radeln jetzt weiter auf dem „Ooysedijk" bis zur Einmündung auf den „Ubbergseweg", wo wir **Nijmegen** erreichen. Nun biegen wir rechts ein und rollen leichten Pedaltrittes direkt auf die Brückenauffahrt über den Waal zu. Uns bieten sich zwei Möglichkeiten, um in das Stadtzentrum zu gelangen.

Zum einen dem Radweg weiter folgen, die Brücke unterqueren

und auf der „Waalkade“ in Richtung Hafen weiter radeln. Dort befindet sich auch das *Velomuseum*, das sich besonders auf den Besuch von Radfahrern freut. An der „Waalkade“ biegen wir später links ein und folgen dem Hinweis *St. Stevenskeerk - Raadhuis - Centrum – Station* (Bahnhof), der uns direkt durch die Altstadt ins Zentrum zum „Markt“ und „Kannenmarkt“ mit der Ratstrinkstube und dem alten Rathaus lotst. Als Orientierungshilfe dient auch der alles überragende Turm der *St. Stefanskirche* (17. Jahrhundert), der sich weithin sichtbar über die Stadt erhebt. Nijmegen hat viel zu bieten, nicht nur herrlich alte Häuser, Bauwerke und Museen, die einem auf Schritt und Tritt begegnen, sondern viele gemütliche Ecken, wo man dem Lebensgefühl unserer holländischen Nachbarn so richtig nahe kommt.

Die andere Möglichkeit heißt vor der Brückenunterführung links den Fußweg zur Brücke hinauf gehen und auf der Brücke gleich links dem Radweg in Richtung Zentrum folgen. Wir gelangen an den „General James Gavinweg“, einen großen Kreisverkehr, den wir nach rechts queren und uns am Hinweisschild *Centrum* orientieren.

Rechter Hand erheben sich die Mauern des *Kastells* (16./17. Jahrhundert) und geradezu leitet uns der Wegweiser *Station* (Bahnhof) zum Wochenmarkt, der sich auf der rechten Seite nach dem *Kunstmuseum* befindet. Wir radeln über den rot markierten Radweg direkt auf den „Eiermarkt“ und weiter in Richtung St. Stefanskirche, bis wir auf die „Grotestraat“ treffen. Dort halten wir uns links und rollen über die „Burchtstraat“ zum Marktplatz. Am „Grote Markt“ und „Kannenmarkt“ haben wir dann die *Ratstrinkstube*, die *Stadtwaage* und das *Rathaus* erreicht.

Damit ist auch gleichzeitig das Ende der Zwei-Länder-Route erreicht, die uns von der deutschen Kaiserstadt Aachen bis nach Nijmegen in die niederländisch-römische Kaiserstadt führte.

16 Von Kleve zum Rhein und zurück

Wasserburg, Klosterhof und Festung

Start/Ziel: Kleve (Bahnhof)
Länge: 25 km
Verlauf: überwiegend befestigte Radwege durch kleinere Ortschaften, Alleen, Feld und Flur, vorbei an Kolken, Poldern und Teichen, ebenerdige Radwanderung, Querung des Altrheins auf einer Fähre
Rückfahrt: von Kleve mit dem Zug zurück in Richtung Geldern - Krefeld - Düsseldorf oder mit dem Bus nach Xanten, Wesel, Geldern;
nächste Bahnhöfe: Goch, Geldern, Kempen, Krefeld, Duisburg;
Busbahnhof Kleve: Verbindungen von Nijmegen und in alle Städte des Umlandes, so nach Goch, Xanten, Wesel, Busverbindung Linie 59 von Kleve nach Zyfflich;
Autobahnanschlüsse: A 57 Ausfahrt Goch/Kleve, B 9 nach Kleve, B 57 Xanten - Kalkar - Kleve
Entdecken: Altstadt mit Schwanenburg von Kleve, Tiergarten und Kurpark, NSG Salmorth, Schenkenschanz, Windmühlen und Herrensitze von Kleve bis Griethausen, Schlösser und Burgen, mittelalterliche Städtchen, Schloß Gnadenthal und Wasserburg Rindern
Karte: 1 : 50 000 Radwanderkarte Niederrhein Nord - Reichswald-Gocher Heide, Regio Cart RV Verlag Nr. 33534
Einkehr: zahlreiche Gelegenheiten entlang der Strecke
Unterkunft: zahlreiche Pensionen und Privatquartiere sowie Ferienwohnungen im Streckenverlauf

Nicht nur Schlösser, Burgen, Herrensitze, Festungen, Wind- und Wassermühlen gilt es im Klever Umland zu entdecken. Die Insel Salmorth mit ihrem einmaligen Natur- und Vogelschutzgebiet ist mehr als nur einen Ausflug wert, aber wer mit dem Fahrrad anreist, dem stehen im wahrsten Sinne des Wortes alle Wege offen. Alte Bahntrassen, auf denen heute die Radfahrer radeln und eine uralte Eisenbahnbrücke sind weithin sichtbare Erinnerungen an die Vielgestaltigkeit dieser Region. Weltvergessene Fischerdörfer reihen sich wie Perlen auf der Schnur längs des Rheins und in ihren Mauern weht auch noch nach Jahrhunderten der Duft von Teer, Kautabak und geräuchertem Fisch.

Bitte beachten Sie auch den Infoteil im Kapitel 14.

Wir beginnen unsere Tour in das Naturschutzgebiet Salmorth mit der Festung Schenkenschanz am **Bahnhof** in Kleve. Vom „Bahnhofsplatz" radeln wir direkt über die „Hafenstraße" in die „Minoritenstraße" ein und stoßen dort auf die „Kavarinenstraße" beim *Museum Koekkoek*, wo wir rechts einbiegen in Richtung Tiergarten (Wegesymbol *2LR-Via Romana).* Über die „Tiergartenstraße" fahren wir gemütlich bis zur Abzweigung „Wasserburgallee", in die wir rechts auf Rindern zu einfahren. Auf unserer Fahrt längs des *Prinz-Moritz-Kanals* (Wegesymbol *Niederrhein-Route-Hinweisschild Rindern*) erreichen wir die Ampelanlage „Keekener Straße", queren diese und rollen gemütlich auf der anderen Seite über die „Wasserburgallee" weiter auf das **Wasserschloss Rindern** (16. Jahrhundert) zu (Wegesymbol *Via Romana*), das mit den nächsten Metern erreicht ist. Zur Rechten ist die Einfahrt in den Schlosspark. Das Schloss selbst wirkt eher wie ein Herrensitz und hat so gar nichts Wehrhaftes. Im Schloss befindet sich heute eine katholische Heimvolksschule. Unsere Route führt uns auf der „Hohe Straße" in Richtung Düffelward, von wo die Fähre zur Schenkenschanz regelmäßig Autos, Radfahrer und Fußgänger in die ehemalige Schanzanlage bringt. Dann ist der Ort **Rindern** erreicht, den wir auf unseren Rädern durchqueren. An der Gaststätte „Jan Janssen" halten wir uns rechts und biegen in die Straße „Tweestrom" ein, die uns zum „Drususdeich" führt. Dort biegen wir links ein (Wegesymbol *Via Romana-R4-Niederrhein-Route*) und folgen dem Weg rechts um die alte Dorfkirche (17. Jahrhundert) auf dem Drususdeich (römische Anlage, 2. Jahrhundert) bis zum Schild *Düffelward 3 Kilometer.* Der Radweg schlängelt sich nun durch eine außergewöhnliche Au- und Wiesenlandschaft, die von den Einflüssen des Rheinstroms über die Jahrhunderte sichtbar geformt und geprägt wurde. Beiderseits erstrecken sich Wiesen, Weiden, Kolke, Polder und Teiche, aus denen vielstimmig das Konzert zahlloser Vogel- und Froschstimmen ertönt. Zur Rechten erheben sich die Zinnen und Türme von *Gut Hogefeld* und dann kommt auch schon die Dorfkirche von Düffelward in Sicht, die ihren Turm weithin über das ebene Land erhebt. Dann sind wir in **Düffelward** angekommen und biegen an der Wegegabelung rechts ab in die „Grindweide" (Wegesymbol *R4-Niederrhein-route*) bis zur nächsten Einmündung, wo wir auf die „Röstendaalstraße" treffen. Dort nehmen wir den Weg zur Linken und halten auf die Kirche des Ortes zu, bis wir die Deichauffahrt an der Fähre nach Schenkenschanz erreichen. Hier halten wir uns rechts und radeln den Deichweg hinauf. Von der Deichkrone bietet sich ein fantastisches Bild über die weite Wiesen- und Aulandschaft des Niederrheins, auf die Festungsmauern von Schenkenschanz und auf den Altrheinstrom, der die Schanz vom Festland trennt. Der Fährschiffer winkt uns zu und wir rollen mit unseren Rädern langsam den Deich hinab bis zur Anlegestelle. Rasch geht die Überfahrt und schon befinden wir uns auf dem Territorium der ehemaligen niederländischen **Festung Schenkenschanz** aus dem 16. Jahrhundert. Ein Martin Schenk von Nideggen ließ diese Festung Mitte des 16. Jahrhunderts zum Schutz gegen die Spanier erbauen. Die Spanier sind längst weg und auch von der Schanze (militärischer Stützpunkt, stärker befestigt als eine Landwehr, einem Fort ähnlich) ist nicht mehr viel geblieben. Dennoch übt dieses verlorene Häuflein Häuser, das sich wie verängstigte Schafe um eine Kirche schart, eine fast schon magische Anziehungskraft aus. Heute haben die Bewohner weniger mit kriegerischen Spaniern zu kämpfen, als mit den unberechenbaren Gewalten des Rheinstroms, der diesen winzigen Flecken schon mehrmals an den Rand des Untergangs brachte. Eine Ortsbesichtigung gehört daher zu den Pflichten eines jeden Besuchers und nachdem die elf Sträßchen und Gassen durchradelt sind, nehmen wir die Ausfahrt am „Schleusentor“ bei der Gaststätte „Inselruh“ und radeln über den „Pappelweg“, eine wunderschöne Allee, durch idyllische Wiesen und Weiden bis zur *Ölmühle Spyck*, wo wir auf die „Rheinstraße“ stoßen. Dort halten wir uns rechts und radeln rund einen Kilometer auf der Landstraße in Richtung *Griethausen*. An der Auffahrt zur alten Eisenbahnbrücke mündet von rechts die „Martin-von-Schenk-Straße“ in die Landstraße ein. Dort biegen wir rechts ein und radeln längs des Altrheinarms durch das **Naturschutzgebiet Salmorth** erneut auf die Fähre von Schenkenschanz zu. Auf keinen Fall sollte man ein Fernglas vergessen, denn die Tierwelt im Naturschutzgebiet ist einzigartig. Rotschenkel, Graureiher, Rohrweihen, Kormorane und Singschwäne gehören fast schon zur Standardbesetzung und auch der Fischreichtum in den umschließenden Gewässern ist beeindruckend. Linker Hand passieren wir nun den *Sportboothafen* und die *Schleuse von Wardhausen*, die Kleve über den Spoykanal mit dem Rhein verbindet. Eine weitere Fährfahrt wird fällig und schon sind wir wieder in Düffelward. Allerdings halten wir uns auf der Deichkrone gleich links und radeln dem Radweg nach auf *Wardhausen* zu, rollen leicht über die Hebebrücke an der Schleuse, wo das Johanna-Sebius-Denkmal steht. Das junge Mädchen wurde beim Deichbruch 1809 von den Fluten mitgerissen und die geringen Verwüstungen, die das Wasser anrichtete, führte man auf den Opfertod der Jungfrau zurück. Sogar der große Goethe erwähnte Johanna Sebius in seinen Werken.

Ein technisches Denkmal mit Durchblick: Die Eisenbahnbrücke bei Griethausen

Rhein
Spyck
Haus Schmidt-hausen
Qualburg
Bedburg-Ha
Haus Biswick
Kellen
Spijk
Griethausen
Griethauser Altrhein
NL
Brienen
Kleve
Spoykanal
D
Wasser-burg
Schwanen-burg
Siedlung Weißes Tor
Rhein
Schenken-Schanz
Tolkamer
ehem. Windmühle
Rindern
Mater-born
Wardhausen
ehem. niederl.-Festung
Düffelward

Nach Überqueren der Schleuse, vielleicht fährt gerade ein großes Rheinschiff auf den Strom hinaus, gelangen wir in den kleinen Ort *Brienen*, unweit von Griethausen. Jetzt haben wir schon die alte Eisenbahnbrücke in Sichtweite und mit den nächsten Pedaltritten erreichen wir *Griethausen*. Der kleine Ort hinter dem Deich hat einiges zu bieten, so einen Klosterhof der Beginnen, eine ehemalige Synagoge, eine Kirche aus dem 16. Jahrhundert und zahlreiche, verschlungene und verwunschene Gässchen, die allesamt auf ihre Entdeckung warten. Brunnen und Pumpen zieren die Sträßchen und wer nicht auf die Zeit achtet, der findet sich bald auf einer Sitzbank unter einem der zahlreichen Bäume wieder. Wir folgen dem Deichweg (Symbol *Via Romana*), verlassen den Radweg vor der alten Eisenbahnbrücke halb rechts und befinden uns auf dem „Wehrpöhl", von wo aus der Ort Griethausen nach Unterquerung der ehemaligen Eisenbahnbrücke erkundet werden kann.

Anschließen radeln wir auf dem selben Weg zurück, biegen erneut auf den Deichweg ein und nehmen den Radweg gleich rechts auf die frühere Bahntrasse, die von Griethausen schnurgerade nach Kleve und direkt auf die Schwanenburg zuläuft (Wegesymbol *Via Romana*). Am Wegesrand steht rechts ein alter Fischkutter mit Besegelung, wie er noch zu Beginn dieses Jahrhunderts auf dem Rhein eingesetzt wurde. Wir durchfahren das Altrheingebiet „Düffel" zwischen Hecken, Büschen und Gehölzen, queren nach drei Kilometern eine Straße und gelangen dann auf den Weg „An der Spoy", auf dem wir am Stadtkanal entlang bis zum Stadthafen radeln. Am „Leinpfad" queren wir die Brücke nach rechts zur Aral-Tankstelle (rechter Hand befindet sich das Büro „De Düffelt" Bootsfahrten - Ausflüge) und gelangen so in die „Werftstraße". Weiter führt unser Weg zur „Ludwig-Jahn-Straße", die wir queren, um auf der anderen Seite halb links wieder in die „Hafenstraße" einzufahren. Zur Linken können wir nun direkt abbiegen zum Bahnhof oder wir radeln geradezu weiter bis auf die „Kavarinenstraße", von wo der Weg linker Hand direkt in die **Innenstadt** und zur **Schwanenburg** führt. Dies ist nur eine ausgewählte Radwanderung von mehr als 18 Touren, die man allein in und um Kleve erleben kann. Dieses überwältigende Angebot sollte man auf jeden Fall nutzen.

17 Von Kevelaer über Weeze nach Goch

Pilgerweg, Paddelboot und Puppenspieler

Start: Kevelaer - am Bahnhof oder Kapellenplatz
Ziel: Goch - Stadtmitte
Länge: 30 km
Verlauf: überwiegend befestigte Radwege durch kleinere Ortschaften, Wald, Feld und Flur, gelegentlich sandig-humose Abschnitte im Bereich des Laarbruch, ebenerdige Radwanderung
Rückfahrt: von Goch mit dem Zug zurück in Richtung Kleve oder nach Kevelaer, weiter nach Viersen, Mönchengladbach und Düsseldorf bzw. nach Xanten, Wesel, Emmerich Nijmegen;
nächste Bahnhöfe: Kleve, Wesel, Emmerich, Geldern, Xanten;
Busbahnhof Kevelaer/Goch, Verbindungen in alle Städte des Umlandes, so nach Xanten, Kleve, Emmerich, Rees, Geldern, Wesel;
Autobahnanschlüsse: A 57 Ausfahrt Uedem oder Sonsbeck, B 9 von Kempen direkt nach Kevelaer
Entdecken: waldreiche Niederrheinlandschaft des Laar- und Baaler Bruchs zwischen Kevelaer und Goch, Aulandschaft der Niers, Altstadt von Kevelaer, Weeze und Goch, Windmühlen, Schlösser und Herrensitze von Kevelaer bis Goch, Schlösser und Burgen, mittelalterliche Städtchen
Karte: 1 : 50 000 Radwanderkarte Niederrhein Nord - Reichswald-Gocher Heide, Regio Cart RV Verlag Nr. 33534
Einkehr: zahlreiche Gelegenheiten entlang der Strecke
Unterkunft: Gruppenunterkunft - Jugendherberge, Hubertushof, Kranenburger Straße, Goch,
Telefon 0 28 27/3 61, Fax 55 60;
Campingplatz Im Erlengrund, Am Gocher Berg, Goch, Telefon 0 28 21/79 34 oder 0 28 26/73 14
Reisemobile: Stellplatz am Friedensplatz, Goch
Auskünfte: Touristinformation Markt, Goch
Telefon 0 28 23/32 02 02 und 1 94 33

Diese Tour steht ganz im Zeichen des Kreuzes, aber keine Bange, wir müssen dasselbige nicht tragen, sondern radeln nur längs eines alten Pilgerweges, der uns von Kevelaer, dem größten Wallfahrtsort in Nordwesteuropa, über Weeze, das Spargeldorf, nach Goch führt. Zufällig ist das auch der Tourenverlauf der Herrensitz-Route, sodass wir zusätzlich noch einige interessante Schlösser zu sehen bekommen, unter anderem Schloss Wissen und Schloss Kalbeck. Außerdem erleben wir die „einmalige“ Querung des Niers-Stromes mittels einer handbetriebenen Fähre.

Wem das noch nicht reicht, der kann sich im Spargeldorf Weeze an besagtem Gemüse gütlich tun, bevor die alte Handels- und Eisenbahnstadt Goch mit ihren alt-ehrwürdigen Gebäuden und dem Steintor für sich wirbt.

Oder er besteigt eines der Paddelboote, auch Kanadier oder Kanu genannt und fährt damit auf der Niers von Schloß Wissen, Weeze, Jan an de Fähr oder Goch nach Kessel im Reichswald - eine fantastische Wassertour, die das Erleben der niederrheinischen Landschaft aus einem völlig neuen Blickwinkel erlaubt. Rücktransport zur Ablegestelle inklusive. - Na denn - gut Rad und - Schiff ahoi!

Kirchliches Museum in Kevelaer, Kirchen und Kapellen sind ganzjährig – ganztägig geöffnet.

Museum für Kunst und Kulturgeschichte (Kastellstraße, Goch, Telefon 0 28 23/32 02 41, Fax 32 02 36)

Geöffnet:	dienstags bis freitags	10.00 - 12.00 Uhr
	und	14.00 - 17.00 Uhr
	samstags bis sonntags	11.00 - 17.00 Uhr

Bolderwagen-Bahnhof (Heinz Bömler sen. „der wahnsinnige Puppenspieler“, Im alten Bahnhof von Goch-Hassum)

Geöffnet: zu jeder Tag- und Nachtzeit, auch an Weihnachten, Sylvester und am Geburtstag des Betreibers. Zu seiner eventuellen Beisetzung hat jeder Besucher zu erscheinen! Heinz Bömler besitzt auch noch die Villermühle, knap 2,7 km vom Bolderwagenbahnhof entfernt. Ein sehenswertes Stück, das man sich unbedingt gönnen sollte. Auch sonst ist bei dem „wahnsinnigen Künstler“ alles drin! Ein Erlebnis, um rundum „irre“ zu werden.

Auskünfte und Reservierung:
Telefon 0 28 27/4 27

Bootsverleih: Kesseler Bootsverleih, Kranenburger Straße, Goch - Kessel, Telefon 0 28 27/12 12

Führungen: Touristinformation, Markt 15, 47574 Goch, Telefon 0 28 23/32 02 02

Auskünfte: Kultur- und Verkehrsamt, Markt 15, 47574 Goch, Telefon 0 28 23/32 02 02, Fax 32 02 51

Idealerweise beginnen wir unsere Tour am **Bahnhof Kevelaer**, von wo aus wir auf direktem Wege in die Innenstadt zum „Kapellenplatz“ gelangen. Für die Autofahrer ist der „Antwerpener Platz“ nahe der *Gnadenkapelle* der geeignete Ausgangspunkt. In jedem Fall beginnt die Radwanderung am „Kapellenplatz“ mit der *Gnaden- und Kerzenkapelle*, die in ihrem Ursprung auf das 14. Jahrhundert zurückgehen. Kevelaer als Stadt fand schon im 12. Jahrhundert Erwähnung und spielte seither eine bedeutende Rolle im Verständnis der Gläubigen. Immerhin ist Kevelaer der herausragende Wallfahrtsort in Nordwesteuropa. Besonders die *Biker-Wallfahrt* (zu Tausenden treffen sich Motorradfahrer aus aller Herren Länder im Mai), die Wallfahrt Christi Himmelfahrt und die Fronleichnamswallfahrt sind die sakralen Höhepunkte des Kirchenjahres. Die erwähnten Kapellen stammen ausnahmslos aus dem 17. Jahrhundert, was aber die Bedeutung des Wallfahrtsortes in keiner Weise schmälert. Vom „Kapellenplatz“ biegen wir rechts ein in die „Neustraße“ (Symbol *Herrensitz-Niersroute-Niederrhein-Route*) und sehen zur Linken die „Luxemburger Galerie“ mit einigen ausgezeichneten Restaurants. Danach queren wir die „Venloer Straße“ und fahren auf der anderen Seite direkt auf den *Wasserturm* zu (ein eindrucksvolles Baudenkmal des Jugendstils). Anschließend halten wir uns rechts und nehmen die „Kardinal-von-Galen-Straße“ (Wegesymbol beachten) bis zur „Egmont Straße“, die wir queren. Auf der anderen Seite radeln wir weiter über die „Blumenstraße“, der wir bis zum „Broeckhof“ folgen. Als zu beachtendes Bauwerk präsentiert sich die *Alte Mühle* an der „Wember Straße“, die in jedem Fall unsere Aufmerksamkeit verdient. Wir radeln weiter auf dem „Drissenpaß“ bis zur „Windmühlenstraße“, wo wir uns nach dem Wegesymbol *Herrensitz-Route-Nieder- rheinroute* rechts orientieren und bis zur „Hubertusstraße“ gemütlich gondeln. Wir folgen dem Wegesymbol in Richtung Weeze und gelangen anschließend zur *Hubertuskapelle* (15. Jahrhundert). In dieser Kapelle gleich neben einem Bauernhof erfahren wir einiges über die Entstehungsgeschichte der Stadt Kevelaer (12. Jahrhundert) und der Hubertuskapelle (15. Jahrhundert). Am folgenden Wegedreieick halten wir uns links und biegen ab in die Straße „Keylaer“ (Symbol *Niederrhein-Route*, *Niers-Route*, *Herrensitz-Route*, *Radwanderweg R 11*), der wir durch Feld und Flur folgen. Wem nun der Sinn nach „wilden Schweinen und kapitalen Hirschen“ steht, der ist im *Laarbruch* bestens aufgehoben. In der *Weilerschaft Laar* mit dem Parkplatz am Waldrand biegt man links ein in den ausgedehnten Waldbruchbezirk, der sehr viel mehr zu bieten hat als nur ein paar Dutzend wilde Schweine und geweihschwingende Rothirsche. Rad fahren ist hier auf Stunden möglich und die dichte Bewaldung erlaubt selbst bei hochsommerlichen Temperaturen angenehmes radeln. Und keine Angst vor den „wilden Schweinen“ - die sind lammfromm und freuen sich über jeden Besucher, den sie anbetteln können.

17 Von Kevelaer über Weeze nach Goch

Am großen *Wegekreuz mit Rastplatz* fahren wir rechts ein in die „Heegener Straße" auf *Schloss Wissen* zu. Durch Feld und Flur lenken wir die Fahrräder und erreichen schließlich den Obst- und Gemüseverkauf von Schloss Wissen zur Rechten. Danach wird die „Kevelaerer Straße" gequert und schon sind wir auf der anderen Seite in der „Schloßallee nach Schloss Wissen (15. Jahrhundert). Linker Hand taucht zunächst das ehemalige *Tagelöhnerdorf* mit der *Öl- und Schrotmühle Wissen* auf. Zur Rechten präsentiert sich jetzt das Wasserschloss Wissen, umspült von der Niers, auf deren Wassern eine Bootsfahrt bis Kessel ein wahres Erlebnis ist (Abfahrtsort ist an der Niersbrücke). Wir radeln bis zur *rot-weißen Barriere* und umfahren diese und genießen die weihevolle Andächtigkeit uralter Bäume. Unser Weg führt nun durch den Park bis zur zweiten *rot-weißen Barriere*, an der wir uns links halten, die Niers queren und hinter der Brücke gleich rechts einbiegen. Nun unterfahren wir die Niersbrücke am Wehr, wobei wir uns niersabwärts orientieren und den Blick auf Schloss Wissen und die Niersauen genießen. Durch herrlichen Kiefern- und Eichenwald führt unsere Tour bis zu einer Holzbrücke, über die wir erneut die Niers nach links queren und im Verlauf des Weges in den Ortskern von Weeze einradeln. Geradezu an dieser Abzweigung ist ein Abstecher zum *Tiergehege* möglich. Wir halten uns jedoch links und gelangen gleich hinter der Brücke zu einem Grill- und Rastplatz. Über den Radweg stoßen wir auf die „Loestraße", der wir bis zur Einmündung auf die „Herrlichkeit" nachfahren, um dann endlich das Spargeldorf **Weeze** zu erreichen. Auf der „Loestraße" radeln wir weiter bis zur *Kirche St. Cyriakus* (18. Jahrhundert), umrunden den Sakralbau nach links, um gleich rechts in den „Kirchplatz" einzufahren, der uns bis zum „Alten Markt" geleitet. Dort halten wir uns links und besichtigen den historischen Ortskern mit zahlreichen alten Häusern - teilweise noch aus dem späten Mittelalter (rechter Hand gelangt man zur Bootsanlegestelle Niers). Der weitere Radweg führt uns an der „Ratsstube" vorbei bis zur „Schmiedestraße", in die wir rechts einradeln. Im weiteren Verlauf gelangen wir zur „Roggenstraße", der wir rechts folgen. Im späteren Abschnitt wird daraus der „Fährsteg". Erneut queren wir eine Niersbrücke und rollen gemütlich auf der anderen Seite weiter, bis wir links einbiegen in den Radweg Richtung Goch (Symbol *Herrensitz, Niederrhein-Route*).

Uedem
Kervenheim
Wetten
Ferienpark Kevelaer
N
Jan an der Fähr
Vossheide
Wasserschloß Wissen
Kevelaer
Weeze
Goch
Wemb

Hier wechseln wir das Transportmittel

Wir unterqueren eine Straße, biegen dort gleich links ein, radeln 20 Meter bis zur nächsten Einmündung, wo wir hart nach links in die „Uedemer Straße" einfahren. Unser Radweg verläuft nun ein längeres Stück auf einem Radweg neben der Landstraße, vorbei an einem deutschen *Soldatenfriedhof*, bis wir an einen kleinen Bachlauf kommen, diesen queren und anschließend gleich links einbiegen in den „Kalbecker Weg". Durch offene Feldflur, Wald und Weiden führt nun unser Weg, wobei wir die A 57 über eine Brücke passieren, um anschließend an einem weiteren Wegedreieck rechts abzubiegen auf dichten Wald zu. Am nächsten Wegedreieck halten wir uns rechts und gondeln durch weitläufigen Mischwald direkt auf das Restaurant „Jan an de Fähr" zu. Hier ist ein Abstecher unbedingt angesagt, denn das Restaurant liegt am anderen Niersufer, nur verbunden durch eine kleine Fähre, die der Passagier per Handbetrieb selbst bedienen muss. Eine Mordsgaudi für große und kleine Radwanderer. Außerdem finden sich dort noch ein Streichelzoo und ein supertoller Spielplatz mitten im Wald. Unsere Weiterfahrt setzen wir auf dem bekannten Radweg fort (Symbol *Herrensitz-Route-Niederrhein-Route*) und gelangen so zur L 77, die wir queren, um auf der anderen Seite neben dem Eisenbahndenkmal halb links einzufahren. Am Eisenbahndenkmal wird an die historische Strecke Vlissingen - Goch - Wesel - Berlin - Warschau - St.Petersburg erinnert. Bis zum Ende des Zweiten Weltkrieges verlief diese Strecke auf der heutigen L 77. Über eine wunderschöne Lindenallee radeln wir weiter in Richtung Goch bis zur Einmündung „Fortstraße", wo wir uns links halten, erneut die Niers queren und dabei die „Fortstraße" nicht verlassen. Wer an der „Fortstraße" rechts abbiegt, der gelangt nach rund 500 Metern zum *Schloss Kalbeck* (16. Jahrhundert). An der Abzweigung „Im Niersbogen" radeln wir rechts bis zur Pferdekoppel, bleiben dort halb rechts und rollen leicht an einem großen Wald- und Heidesee vorbei, wo sich fürstlich ausruhen lässt. Dann ist die „Voßheide" erreicht, über die wir durch Weiden, Wiesen und lichte Baumgruppen bis zur „Voßheider Straße" fahren, dort rechts einbiegen und mit den nächsten Metern in *Goch* einrollen.

Weiter geht unsere Fahrt bis zur „Kalbecker Straße", wo wir uns erneut rechts halten und später den „Ostring" queren, wobei wir auf der anderen Seite weiterhin die „Voßheider Straße" benutzen. Rechter Hand rückt die Gaststätte „Zur Heide" in unser Blickfeld, wo sich unter Kastanien in einem Biergarten fantastisch vespern lässt. Im weiteren Verlauf der Radwanderung gelangen wir zur „Voßstraße", in die wir rechts einradeln direkt in die Innenstadt. Nach 100 Metern weist ein Schild auf das *Museum* und *Kastell* hin, das *Gocher Kunstzentrum* schlechthin, für das man sich unbedingt etwas mehr Zeit nehmen sollte. Durch die Fußgängerpassage geht die Fahrt Radwegesymbol *Herrensitzroute-Niederrheinroute* - bitte auf Fußgänger Rücksicht nehmen und dann sind wir an der Straße „Am Steintor" angelangt.

Zur Rechten fällt der Blick auf das mächtige, zweitürmige mittelalterliche Stadttor. Von hier aus lässt sich die Altstadt von Goch erkunden. Sehenswert sind neben *Rathaus*, dem *Haus der Fünf Ringe*, dem *Langenberghaus*, der *Pfarrkirche St. Maria-Magdalena* auch die *Alte Mühle* an der *Susbrücke* und der *Stadtpark* mit *Rosengarten*. Wem später die Rückfahrt mit der Deutschen Bahn nach Kevelaer zu schnell geht oder einfach zu langweilig ist, der kann sich in Goch ein Kanu mieten und die Niers aufwärts bis Kevelaer paddeln. Die Fahrräder werden gegen eine kleine Gebühr ruck-zuck nach Kevelaer oder zu einem anderen Standort gebracht. Selbstverständlich kann man auch einen fahrradfreien Tag einlegen und die gesamte Strecke von Schloss Wissen bis *Goch-Kessel* mit dem Kanu fahren. Sechs Stunden dauert die Fahrt auf der Niers, eine Bootsfahrt, die ihr nie vergessen werdet. Als Service werden die Fahrräder vom Bootsverleiher zur jeweiligen Anlegestelle gebracht, wo wir sie wieder in Empfang nehmen.

18 Der Reichswald bei Kleve

Ponys, Mufflons und wilde Schweine

Start/Ziel: Kleve (Bahnhof oder Lohengrinbrunnen am Fischmarkt)

Länge: ca. 40 km (Rundkurs)

Verlauf: überwiegend befestigte Radwege durch kleinere Ortschaften, Alleen, Wald, Feld und Flur, aber auch sandig-humose Abschnitte, teilweise ebenerdige Radwanderung, aber auch Steigungen zwischen Kranenburg und dem Reichswald

Rückfahrt: von Kleve mit dem Zug zurück in Richtung Geldern - Krefeld - Düsseldorf oder mit dem Bus nach Xanten, Wesel, Geldern;
nächste Bahnhöfe: Goch, Geldern, Kempen, Krefeld, Duisburg;
Busbahnhof Kleve: Verbindungen nach Nijmegen und in alle Städte des Umlandes, so nach Goch, Xanten, Wesel;
Busverbindung: Linie 59 von Kleve nach Zyfflich;
Autobahnanschlüsse: A 57 Ausfahrt Goch/Kleve, B 9 nach Kleve, B 57 Xanten - Kalkar - Kleve

Entdecken: Moränen- und Waldlandschaft des Reichswaldes, Altstadt von Kleve mit Schwanenburg , Fischmarkt, Propsteikirche, Tiergarten und Waldlehrpfad in Materborn, idyllische Waldseen im Reichswald, mittelalterliches Städtchen Kranenburg, Reiterstadt Frasselt

Karte: 1 : 50 000 Radwanderkarte Niederrhein Nord - Reichswald-Gocher Heide, Regio Cart RV Verlag Nr. 33534

Einkehr: zahlreiche Gelegenheiten entlang der Route

Unterkunft: Jugendherberge, St. Annaberg 2, Kleve-Materborn, Telefon 0 28 21/2 36 71;
zahlreiche Pensionen und Privatquartiere sowie Ferienwohnungen im Streckenverlauf

Was wäre das Radeln mit Kindern ohne eine Fahrt durch den Reichswald, den größten Staatsforst Nordrhein-Westfalens? Wer nun meint, dass er den Wald vor lauter Bäumen nicht sieht, der sei ganz unbesorgt. Verwunschene Waldseen am Genneper Weg, verträumte Ortschaften zwischen Kranenburg und Kleve, uralte Alleen, Hirsche und Wildschweine im Wildpark Materborn sowie ein Waldlehrpfad, wo ihr alles über den Wald und seine Pflanzen/Tierwelt erfahrt, machen eine Radwanderung durch den Reichswald zu einem ganz besonderen Erlebnis und Vergnügen.

Bitte beachten Sie auch die Infoteile der Kapitel 13 und 14.

Eine Radwandertour fast nur durch Wald oder in Waldnähe macht besonders viel Spaß. Zum einen bietet das waldige Dach auch bei sommerlichen Temperaturen ausreichend Schatten und angenehme Kühle. Zum anderen gibt es ungewöhnlich viel zu entdecken, und als Radfahrer sind wir vor den Belästigungen durch Autos sicher. Grund genug also, diese Fahrradtour durch den Reichswald bei Kleve zu beginnen. Die Bahnreisenden und Autofahrer (Parkplatz) beginnen am **Bahnhof**, fahren dann über die „Lohengrinstraße", „Kalkarer Straße", „An der Münze", „Wasserstraße" zum *„Fischmarkt"* mit dem *Lohengrinbrunnen* und der *Linde*, wo die eigentliche Tour in den Reichswald beginnt. Vom „Fischmarkt" nehmen wir die „Hagsche Straße" aufwärts bis zur „Lindenallee", kreuzen diese und radeln auf der anderen Seite in die „Hoffmannallee" ein, der wir ein gehörig Stück folgen. Später geht dann die „Hoffmannallee" in die „Materborner Allee" über, denn wir haben nun **Kleve-Materborn** erreicht. Dann sehen wir auch schon zur Rechten ein Fahrradgeschäft, wo eventuell notwendige Ersatzteile beschafft werden können. Lang zieht sich die von prachtvollen Bäumen bewachsene Allee hin, auf deren Radweg es sich gemütlich und entspannt fahren lässt. Eichen, Buchen, Linden, Ahorn und Eschen stellen in diesem Abschnitt der Allee den Bestand an Laubhölzern, wobei ein Großteil der Bäume mehr als 200 Jahre auf der Rinde hat. Zur Linken macht die *Siegfried-Kampfbahn* mit einem tollen Sportplatz auf sich aufmerksam, und mit dem Übergang in die „Grunewaldstraße" erreichen wir die Ortschaft **Reichswalde**. An der Kreuzung „Grunewaldstraße" - „Am Forsthaus" könnt ihr zu beiden Seiten ausgedehnte *Wildgehege* besuchen, wo Schwarzwild und Mufflons schon auf euch warten. Wenn ihr euch zudem über den Wald im Allgemeinen und den Reichswald im Besonderen informieren wollt, dann macht einfach einen Spaziergang über den *Waldlehrpfad*, der sich an die Gehege anschließt. Von nun an rollen unsere Räder nur noch durch Wald, vorbei an der Ortschaft Reichswalde, wo sich zur Linken ausgedehnte Erikenfelder ausdehnen. Gleich neben der Einfahrt in den Ort Reichswalde stehen zwei kraftvolle Buchen mit einer Sitzbank, wo sich fürstlich ruhen lässt. Dann erheben sich auf der linken Straßenseite mitten im Wald steinerne Türme, die uns zunächst ein römisches Kastell vermuten lassen. Es ist aber die Einfassung eines englischen Soldatenfriedhofes, des *Reichswald War Cemetery*, wo die Soldaten aus dem Zweiten Weltkrieg ruhen, die hier bei den Kämpfen um Kleve im Reichswald gefallen sind. Die Besichtigung stimmt nachdenklich und sollte euch stets Erinnerung und Mahnung sein. Vertraute Hinweisschilder drängen sich auf, denn am Friedhof quert die Niers- und Niederrheinroute unseren Weg.

18 Der Reichswald bei Kleve

Die alte Mühle in Kranenburg

Diese Querfeldeinwege bieten dem Radwanderer ein beinahe unerschöpfliches Tourenangebot, den Reichswald individuell zu erkunden. Wir bleiben zunächst auf unserem Radweg und gelangen schließlich an die Einmündung zur B 504 „Kranenburger Straße", in die wir nach rechts in Richtung *Kranenburg* einrollen (Hinweisschilder beachten). Wenn man die Straße quert, kommt man geradezu nach *Gennep/NL* und im weiteren Verlauf des Weges zur *Niersmündung* in die Maas. Vorbei an Katen und kleinen Bauernwirtschaften führt unsere Tour durch den Reichswald, bis wir an eine Abzweigung kommen, in die wir links einbiegen (Radwegesymbol *R9-Niersroute-Niederrheinroute*). Der Weg nennt sich nun „Kartenspielerweg" und verläuft beinahe schnurgerade, wenn auch mit ansehnlichen Steigungen und Gefällen auf *Grafwegen* zu. Durch hochstämmige, fast undurchdringliche Wälder radeln wir immer tiefer in den Reichswald hinein. Kilometer um Kilometer und der Wald will schier kein Ende nehmen. Zur Linken taucht dann an einer Wegekreuzung ein hölzerner Wegweiser *Rhein-Maas-Weg* auf, dem ihr Beachtung schenken solltet. Unsere Richtung zeigt auf rechts - und da steht Kranenburg. Geradeaus weiter geht es direkt auf Grafwegen zu und nach links heißt das Ziel Gennep. Rückzu steht Grunewald-Reichswalde, aber da kommen wir ja gerade her. Das Wegezeichen ist zusätzlich ein *Karo*, das uns von nun an ein gutes Stück Gesellschaft leistet. Der Radweg ist jetzt durchgängig sandig, was uns veranlasst, ein wenig kraftvoller in die Pedale zu treten. Nach 800 Metern schallt uns von links lautstarkes Froschquaken entgegen. Wir haben ein Kleingewässer erreicht, wie sie im Reichswald ziemlich häufig anzutreffen sind.

Der Reichswald mit seinen Hügeln, Seen, Teichen und Tümpeln ist, ebenso wie der Klever Berg, ein Kind der Eiszeit. Daran solltet ihr euch immer erinnern, denn es gibt ja so einiges zu finden und entdecken, wenn man nur die Augen offen hält. An diesen Kleingewässern kann man ganze Tage verbringen, ohne dass es einem langweilig wird. Libellen, Frösche, Ringelnattern, Schmetterlinge, Schilfrohrsänger, Teichrallen und jede Menge wunderschöner Seerosen lassen euch die Zeit buchstäblich vergessen. Dann gelangen wir an eine *rot-weiße Schranke*, die wir rechts umfahren und nähern uns

Speetenhof
Kranenburg
Donsbrüggen
Kellen
Riswick
Hettsteeg
Nütterden
Schwanen-
burg
Kleve
N
Galgensteeg
Schwarzwasser
Tütthees
Waldhorst
Königsheide
Frasselt
Stoppel-Berg
Forsths.
Schottheide
Mater-
born
Siedlung
Weißes
Tor
Qualburg
D
Branden-Berg
Reichswald
Grafwegen
Gelden-Berg
Bedburg-Hau
NL
Reichswalde
Grunewald
Nergena

nun dem *Forsthaus Nergana*, das linker Hand zwischen hohen Buchen und Tannen hervorlugt. Gleich rechts steht wiederum ein hölzerner Wegweiser, der neben Kranenburg auch die Richtung auf Frasselt anzeigt. Wir bleiben auf unserem Weg und halten Kurs auf Kranenburg.

Nach 50 Metern, gleich hinter dem Forsthaus, öffnet sich links ein Radweg mit dem Radwegesymbol *Reichswald-Route-Europa-Route-rot auf weißem* und *12 goldene Sterne auf blauem Grund-Richtung Groesbeek-Grafwegen.* Hier bietet sich die Gelegenheit, hinunter nach Grafwegen und später nach Gennep zu radeln.

Für uns heißt es jetzt strampeln und kräftig in die Pedale treten, denn wir müssen die *Himmelsleiter* hinauf rollen, was bei den sandigen Böden nicht ganz so leicht ist. Aber dann ist auch diese Herausforderung gemeistert und von nun an geht es stetig talwärts über den „Galgensteeg" nach **Kranenburg** hinein, das wir mit den nächsten Metern erreichen. Aus dem „Galgensteeg" wird später der „Elisendeich", der uns in Windungen durch den Ort bis zur „Bahnhofstraße" führt, in die wir rechts einfahren (Radwegesymbol *Via Romana*). Nach 200 Metern stehen wir vor der **Stadtmauer** und der alten **Mühle**, die wir bereits von einer anderen Tour her kennen. Vor der alten Mühle gondeln wir gemütlich in den Radweg unter den Linden ein und lassen die Räder bis zur „Klever Straße" rollen, wobei wir den ehemaligen Wassergraben und die Stadtmauer umrunden. Alljährlich findet Mitte Juni in Kranenburg der „Stüppkesmarkt" statt, ein Ereignis, das den kleinen Ort brummen lässt. Kranenburg ist dann komplett gesperrt und nur für Fußgänger und Radfahrer zugänglich. „Stüppkes" heißen am Niederrhein die Stufen der Treppen. Früher saßen die Leute vor der Haustür auf den Stufen und plauschten von Haus zu Haus. Daraus entwickelte sich im Lauf der Zeit ein großes Fest, weil auch die Stufen immer weiter in die Straßen vorgeschoben wurden. Da blieb dem Rat der Stadt nichts anderes übrig, als die Stadt an diesen Tagen für den Durchgangsverkehr zu sperren. Auf der „Klever Straße" nehmen wir den Radweg nach rechts in Richtung Frasselt (Radwegesymbol *Reichswald Route ANWB rot auf weiß*) und radeln bis zum Ortsausgang an der Kreuzung „Klever Straße" – „Frasselter Weg".

Beim großen Verkehrsschild biegen wir rechts ab in den „Frasselter Weg" und sind nach 1,5 Kilometern schon in **Frasselt** angekommen. Auf der „Gocher Straße" fahren wir durch den Ort, der neben seiner schönen Lage noch bekannt ist als „Reiterstadt Frasselt". Hunderte Pferde und Ponys warten nur darauf, von euch und euren Freunden geritten zu werden. Natürlich finden auch hier wie überall am Niederrhein von Mai bis September Feste zu Hauf statt, ein Grund mehr, auch einmal zwei oder drei Tage länger vor Ort zu bleiben. Linker Hand passieren wir die „Pension Lenz" und schon rückt die neugotische, dreischiffige *Basilika St. Antonius* (19. Jahrhundert) ins Blickfeld. Interessant sind die farbige Innenraumbemalung und das neugotische Schnitzinventar. Dann haben wir Gelegenheit, in einem richtigen Bauerncafé zu rasten. Dazu radeln wir nach links in die „Schottheider Straße“ ein und haben schon nach 100 Metern „et Achterhus“ erreicht, eine urige Bauernwirtschaft, wo man den Tag ausklingen lassen kann. Und gratis dazu gibt es noch einen Spielplatz und eine Terrasse mit Aussicht auf den Reichswald. Und knuffige Viecher zum Knuddeln. Dann sind wir am Ortsausgang von Frasselt angelangt und biegen am letzten Haus vor dem Waldrand links ein in den „Treppkesweg“, über den wir nochmals gemütlich rund fünf Kilometer durch Feld, Flur und schönsten Reichswald bis nach Kleve rollen. Außerdem besteht hier noch die Möglichkeit, nach Goch zu fahren. Nach 300 Metern sehen wir linker Hand den Sport- und Reitplatz. Nun radeln wir auf dem Radweg *R11-Niederrhein-Route* bis zur Einmündung in die „Spechtbaumstraße“, halten uns dort rechts und gondeln weiter über den „Treppkesweg“ bis zur Wegekreuzung „Wolfsbergstraße“, wo sich linker Hand ein Rast- und Parkplatz mitten im Wald befindet. Unser Weg führt weiter geradezu, vorbei an einer *rot-weißen Barriere*, hinter der der Radwanderweg sandig humos wird. Außerdem nimmt jetzt wieder eine Steigung ihren Anfang, die uns bis Kleve erhalten bleibt. Daher Kräfte einteilen und bedächtig den „Hügel“ angehen. Zu Linken fällt uns ein Gedenkstein auf, der in Erinnerung an eine Frau errichtet wurde, die im Kriegsjahr 1944/45 von einem Räuber überfallen und erschlagen wurde. Die Frau hatte ihre einzige Kuh nach Kleve zum Markt gebracht und verkauft. Auf dem Rückweg durch den Reichswald wurde sie an dieser Stelle beraubt und umgebracht.

Endlich haben wir den sandigen Höhenrücken überwunden und der Weg wird wieder fester. Nach Querung des Waldparkplatzes „Treppkesweg“ rollen wir erneut nach Kleve-Materborn hinein, diesmal von der anderen Seite. Durch eine schmucke Siedlung führt der Weg, bis linker Hand das Schild „Jugendherberge“ gleich hinter dem Friedhof auftaucht. Dort queren wir die „Königsallee“, über die ihr auch zum höchsten Punkt Kleves, dem *Aussichtsturm* auf dem Klever Berg gelangt. Der „Treppkesweg“ endet hier und geht in die „Merowingerstraße“ über, der wir bis zur Ampelanlage an der „Lindenallee“ nachfahren. An der „Lindenallee“ biegen wir rechts ab in Richtung Stadtmitte und werden nach 300 Metern auf den alten *Klever Friedhof* aufmerksam, dessen Reste sich zur Linken in einem prächtigen Park präsentieren. Über die „Lindenallee“ radeln wir nun zur „Hoffmannallee“, halten uns dort links und sind schon nach kurzer Zeit wieder am Ausgangspunkt unserer Radtour, dem „Fischmarkt“ mit dem Lohengrinbrunnen angekommen. Von hier aus geht es jetzt auf dem bekannten Weg durch die Altstadt zum **Bahnhof** von Kleve.

Fahrradgeschäfte/Verleih/Reparaturen

(sortiert nach Ortsalphabet)

Fahrrad am Bahnhof, Deutsche Bahn AG, Bahnhofplatz, **Aachen**,
Telefon 0 18 05/99 66 33

Ben Mey Tweewielers, Rijksstraatweg 140, NL-6573 **Beek-**
Ubbergen, Telefon 00 31/88 95/4 35 47, Fax 4 36 15

Fahrradverleih Brüggen, Klosterstraße12b, 41379 **Brüggen**
Anmeldung bei: Gerd Janosch, Telefon 0 21 63/52 69
Preis pro Rad und Tag: DM 10,00

Städtischer Fahrradverleih, Issumer Tor 38, 47608 **Geldern**,
Telefon 0 28 31/39 85 13 an Werktagen,
Telefon 0 28 31/39 83 57 an Wochenenden und Feiertagen

H. Kösters, Hovscheweg 5, 47574 **Goch**-Kessel,
Telefon/Fax 0 28 27/54 21

Gerhard Hoffmann, Voßstraße 7, 47574 **Goch**,
Telefon 0 28 23/71 55

Werner Köppe, Dorfstraße 21, 47574 **Goch**-Nierswalde,
Telefon 0 28 23/2 90 09

Heerlen Bahnhof/Station, **Kerkrade** Centrum Bahnhof/Station,
Telefon 0 45/5 71 06 01

Zweiradhaus Esser, Liecker Mühle 4, 52525 **Heinsberg**-Lieck,
Telefon 0 24 52/71 83, Fax 80 55

Zweiradfachgeschäft K. Giltjes & Sohn, Hanselaerstraße 31-35,
47546 **Kalkar**, Telefon 0 28 24/22 03, Fax 0 28 24/46 97

Jürgen Cronauer, **Kleve**, Telefon/Fax 0 28 21/2 01 10

Dutchie, Kalkarer Straße 50, 47533 **Kleve**,
Telefon 0 28 21/2 47 56, Fax 1 33 24

Klever Fahrradprofi, Materborner Allee, **Kleve**-Materborn
rechte Seite:
Geöffnet: montags bis freitags 9.00 - 18.30 Uhr
samstags 9.00 - 13.00 Uhr

BP Tankstelle Spans, Klever Straße 5, 47559 **Kranenburg**,
Telefon 0 28 26/2 51, Fax 71 28

Zweiradhandel Gertzen, Lindenstraße 63, 47559 **Kranenburg**, Telefon 0 28 21/2 74 53, Fax 2 74 53

Toma Refitt (nur größere Gruppen), NL - **Millingen**, Telefon 00 31/4 85/51 77 96

Nijmegen Bahnhof/Station, **Venray** Bahnhof/Station, Telefon 0 24/3 22 96 18

Klitsie-Fahrradhandlung, Niedieckstraße 4, 41334 **Nettetal-**Lobberich, Telefon/Fax 0 21 53/80 04 34

Preise:	4 Std.	DM	8,50
	pro Tag	DM	11,00

(Ausgabe in der Saison von Mitte März bis Oktober, je nach Wetterlage in der Zeit von 10.00 - 19.00 Uhr);
Ausgabestellen: Minigolfplatz Krickenbeck, Strandbad Hinsbeck-Hombergen sowie Minigolf-Platz De-Witt-See, Strandrestaurant De-Witt-See Nettetal-Leuth

Fiets en Trein (Fahrradverleih mit Zugfahrt), **Roermond** Bahnhof/Station, Willem II Singel, Telefon 04 75/35 00 85

Venlo Bahnhof/Station, Telefon 0 77/3 51 14 87

Fahrradshop Joseph Dessy, Georgstraße 16, 52525 **Waldfeucht**, Telefon 0 24 55/25 04

SPIX e.V./Hi-Service, Kaiserring, **Wesel**, Telefon 02 81/96 33 60,

montags bis donnerstags	8.00 - 17.00 Uhr
freitags	8.00 - 15.00 Uhr

Weseler Verkehrsverein., Großer Markt 11, 46483 **Wesel**, Telefon 0 28 12/2 44 98, Fax 1 40 53

Bernd Kramer, 46485 **Wesel** (Verleih nur auf telefonische Anfrage), Telefon 02 81/8 23 83, Fax 02 81/8 23 83

Zweiräder Reineke, Marsstraße 19, 46509 **Xanten**, Telefon 0 28 01/14 74 und 50 18

Tourist Information **Xanten**, Karthaus 2, 46509 Xanten, Telefon 0 28 01/77 22 98, Fax 77 22 09, (keine Reparaturen, täglich 9.00 - 16.30 Uhr)

Mit Kindern radeln

160 Seiten, 20 Farbfotos, 20 Karten

Kinder möchten Abenteuer erleben. Sie möchten spannende Dinge entdecken, die ihre Phantasie anregen und ihren Entdeckergeist beflügeln. Die vorliegenden Radtouren rund um Düsseldorf sind nicht nur in Länge und Schwierigkeitsgrad an die Bedürfnisse von Kindern angepasst, sondern Claudia Thaler hat in der Auswahl ihrer Ziele auch Spaß und Abwechslung ganz groß geschrieben. Es gibt Hinweise auf Spielplätze, Badeseen und Bootsverleih, Ausflüge zum Flughafen, zur Trabrennbahn und zum Kinderbauernhof.
Ausführliche Tipps und Informationen zur Organisation der einzelnen Touren stehen am Ende jedes Kapitels.

Im ersten Band der Reihe „Mit Kindern radeln“ sind wir in und um Stuttgart unterwegs. Claudia Thaler stellt 21 kindgerechte Fahrradtouren vor und hilft mit vielen Tipps und Hinweisen bei der Vorbereitung. Durch das praktische Querformat und die Spiralbindung lässt sich das Buch unterwegs leicht handhaben. Die klare Gliederung und die ausführlichen farbigen Kartenskizzen erleichtern die Orientierung. Bei der Auswahl einer Tour helfen Infos zur Streckenlänge sowie eine kurze Streckencharakteristik. Vorschläge, wo man gut einkehren kann und interessante Sehenswürdigkeiten am Wegesrand fehlen natürlich nicht.

144 Seiten, 34 Schwarzweißfotos, 8 Kartenskizzen

Bei Familienausflügen im Bergischen Land beeindrucken nicht nur die landschaftlichen Reize dieser schönen Region, die vorgestellten Tagestouren lassen sich auch leicht mit dem Besuch aufregender Attraktionen und Sehenswürdigkeiten verbinden: Der Märchenwald Altenberg verzaubert die Besucher mit zahlreichen Darstellungen Grimm'scher Märchen; in die Geschichte der Menschheit entführt uns das Neanderthal-Museum bei Hochdahl; wer keine Lust mehr hat zu laufen, macht eine Fahrt mit der Bergischen Postkutsche oder nimmt die Wuppertaler Schwebebahn. Langweilig wird es bestimmt nicht, dafür sorgen auch die unterhaltsamen Spielideen für unterwegs.

168 Seiten, 33 Schwarzweißfotos, 18 Kartenskizzen

Der romantsiche Mittelrhein ist wie geschaffen für erlebnisreiche Ausflüge mit der ganzen Familie. Eine große Anzahl mittelalterlich anmutender Burgen lädt zu Besichtigungen ein, enge Schluchten und aussichtsreiche Höhenlagen lernen wir auf abenteuerlichen Pfaden kennen. Renate Florl ist es mit dem vorliegenden Wanderführer wieder einmal in bewährter Weise gelungen, die attraktivsten Ausflugsziele familiengerecht zu präsentieren. Mit den detaillierten Routenbeschreibungen und übersichtlichen Kartenskizzen finden sich auch ungeübte Wanderer schnell zurecht – und das ist die beste Voraussetzung für einen gelungenen Ausflug.

Mit Kindern unterwegs

144 Seiten, 34 Schwarzweißfotos, 8 Kartenskizzen

„Spaß für und mit Kindern" – das ist das Motto Heinz R. Wittners, der selbst Kinder hat und seit Jahren im Pfälzerwald-Verein aktiv ist. Bei den interessanten und spannenden Ausflügen dieses Wanderführers wird die Geschichte der Pfalz lebendig. Man kann sehen, wie die Römer kelterten und Steine brachen, Burgen besteigen, zu markanten Felsen wandern oder mit der Grubenbahn in ein Kalkbergwerk fahren. Die dritte Auflage wurde vollständig überarbeitet und um einige neue Ziele erweitert.

108 Seiten, 30 Schwarzweißfotos, 7 Kartenskizzen

Von Heinz R. Wittner sind im Verlag Fleischhauer & Spohn bereits drei erfolgreiche Titel erschienen. Mit seinem neuesten Erlebnisführer ist er im Pfälzerwald unterwegs und hat dort viele interessante Ziele entdeckt: Ruinen, Ritter und Drachenfelsen – das ist so richtig nach dem Geschmack kleiner Abenteurer.
Unterhaltsam und informativ sind auch die zahlreichen Tourenvorschläge konzipiert. Tipps und Informationen zur Organisation der Ausflüge fehlen nicht.

144 Seiten, 32 Schwarzweißfotos

Ein Ausflug ins Sagenreich der Erdmännlein oder eine Fahrt im Bummelzug sind nur zwei von zahlreichen aufregenden Abenteuern, die im Südschwarzwald auf unternehmungslustige Familien warten. Lebendig und anschaulich schildert Birgit Mayer die Ausflüge und lädt dazu ein, den vielschichtigen Natur- und Kulturraum zu Fuß kennenzulernen. Viel Spaß bei der Entdeckungsreise!

120 Seiten, 43 Schwarzweißfotos

Familien mit Kindern finden in 25 Kapiteln interessante Wanderungen auf den Spuren von Flößern, Waldbauern und Rittersleuten im Nordschwarzwald. Die Sehenswürdigkeiten werden kurz geschildert, aber auch Rastplätze mit Feuerstellen, Einkehrmöglichkeiten und Kinderspielplätze in direkter Nähe werden erwähnt.

Mit Kindern unterwegs

140 Seiten, 36 Schwarzweißfotos, 9 Kartenskizzen

Der Naturpark Fränkische Schweiz ist vor allem durch seine märchenhafte Landschaft bekannt. Unser Autor führt Sie und Ihre Kinder durch verwinkelte, schattige Täler und verwunschene Höhlen, zu romantischen Burgen und bizarren Felsformationen. Er gibt Ihnen aber auch nützliche Informationen zu Öffnungszeiten, Anreisemöglichkeiten u. v. m., mit denen sich ein Ausflug perfekt vorbereiten lässt.

132 Seiten, 34 Schwarzweißfotos

Unsere Autoren, seit Jahren als Wanderwarte im Fichtelgebirgsverein engagiert, wissen aus Erfahrung, was sowohl Kinder als auch Erwachsene begeistert: der Wackelstein zum Beispiel, ein Felsriese, den selbst Kinderhände mühelos bewegen können, eine rasante Fahrt mit der Sommerrodelbahn und vieles mehr.

144 Seiten, 24 Schwarzweißfotos

Will man das Leben der Dorfbevölkerung um die Jahrhundertwende verstehen, so besucht man am besten eines der zahlreichen Freilichtmuseen im süddeutchen Raum. Anschaulich und kurzweilig dokumentierten sie den Alltag und die Lebensumstände der damaligen Bevölkerung. Der Erlebnisführer befasst sich im allgemeinen Teil mit dem Entstehen der Freilichtmuseen, der Land- und Hauswirtschaft sowie dem Handwerk der damaligen Zei. Geräte und Maschinen werden mittels Zeichnungen und Fotos erläutert. Die Ausflüge zu den einzelnen Freilandmuseen im zweiten Teil des Buches enthalten unter anderem Hinweise auf Handwerksvorführungen und Museumsfeste, die besonders für Kinder zu den Highlights zählen.

144 Seiten, 29 Schwarzweißfotos

Wir laden Sie ein, mit Ihren Kindern die Welt der Technik zu erleben. Nutzen Sie die Gelegenheit, in Gottlieb Daimlers Wohnzimmer zu schmausen oder fleißigen Handwerkern bei der Arbeit zuzuschauen. Mütter werden ihre Freude daran haben, bei der Fertigung von Schmuck und Uhren dabeizusein, und die Herzen der Väter werden bei Eisenbahnen und Dampfloks höherschlagen. Aber vor allem neugierige Kinderfragen werden beantwortet: im Eisenerzbergwerk bei Neuenbürg oder im Stadt- und Technikmuseum Pforzheim. Alles kinderleicht und ganz bestimmt nicht langweilig!

Mit Kindern entdecken

144 Seiten, 33 Schwarzweißfotos

Ein Hauch von Abenteuer weht durch die Gänge unterirdischer Höhlen und Bergwerke. Das Gefühl, tief im Bauch der Erde unterwegs zu sein und auf den Spuren längst vergangener Zeiten zu wandeln – all dies vermittelt das Sach- und Wanderbuch von Birgit Mayer. Zuflucht und Lebensraum für Mensch und Tier, Schauplatz zahlreicher Sagen und Geschichten und Anschauungsobjekt für Höhlenforscher und Naturliebhaber – das sind die Höhlen der Schwäbischen Alb. In den weitläufigen Stollenlabyrinthen der Schaubergwerke hingegen scheinen geheimnisvolle Schätze verborgen zu sein, die von Zwergen, Drachen und Erdmännchen bewacht werden. Dem Besucher öffnet sich aber auch ein Einblick in die unbekannte Arbeitswelt der Bergleute. Eine Fahrt mit der Grubenbahn, ein Besuch im Mineralien-Museum und vielleicht anschließend noch eine kleine Wanderung? Die Ausflüge enthalten neben Infos zu Anfahrtsweg, Öffnungszeiten und Eintrittspreisen auch Tipps zur weiteren Gestaltung des Tages.

144 Seiten, 24 Schwarzweißfotos

Mit dem Rad die Eifel entdecken – das ist ein Riesenspaß für jung und alt. Unterwegs in dieser phantastischen Mittelgebirgslandschaft begleitet uns „Herr von Weißnicht", unser Plüsch-Freund, der (fast) alles weiß und immer den richtigen Weg kennt, z.B. zu den Vulkanseen bei Daun oder zum schönsten deutschen Wasserkraftwerk in Heimbach-Hasenfeld am Rurstausee, der so groß ist, dass Schiffe darauf herumfahren können. Die Touren sind so ausgewählt, dass sie von Kindern problemlos bewältigt werden können. Der Sachbuchteil enthält viele anschauliche und kindgerechte Erklärungen zu naturkundlichen Phänomenen der Eifel.